引言：知识精炼手册根据官方教材、历年考点趋势汇总而成，对教材核心知识点进行了提炼和总结，便于备考人员快速掌握重点。

第1章 信息化知识

【章节说明】本章考试分值8-10分，为信息化常识，考试题型为选择题，按照关键词记忆法速记即可。

1. 信息的基本概念

（1）信息是**客观事物状态和运动特征**的一种普遍形式，客观世界中大量地存在、产生和传递着以这些方式表示出来的各种各样的信息。

（2）**本体论信息**：就是事物的**运动状态和状态变化方式**的自我表述。

（3）**认识论信息**：就是主体对于该事物的**运动状态以及状态变化方式**的**具体描述**，包括对于它的"状态和方式"的形式、含义和价值的描述。

（4）**香农**被称为"信息论之父"，**维纳**是"控制论创始人"。

（5）认识论信息与本体论信息是相通的，两者之间可以相互转化。

2. 信息质量的特性

（1）**精确性**：对事物状态描述的**精确**程度。

（2）**完整性**：对事物状态描述的**全面**程度，完整信息应包括**所有重要事实**。

（3）**可靠性**：指信息的来源、采集方法等是**可以信任的，符合预期**。

（4）**及时性**：指信息获得的时刻与事件发生的时刻的间隔长短（**时间对比**）。

（5）**经济性**：指获取信息带来的成本在可接受的范围之内（**与钱有关**）。

（6）**可验证性**：指信息的主要**质量属性**可以**被证实或者证伪**的程度。

（7）**安全性**：指信息的生命周期中，信息可以被非授权访问的可能性，可能性越小、安全性越高。（力杨记忆：根据关键词理解）

3．信息的传输模型

（1）**信源**：产生信息的实体，信息产生后，由这个实体向外传播。

（2）**编码器**：如**量化器**、**压缩编码器**、**调制器**等。在编码阶段，信息被封装为 TCP/IP 包，加密设备在信息编码阶段实现；为了提高可靠性，在信息编码时，可以增加冗余编码。

（3）**信道**：传送信息的通道，如 TCP/IP 网络。

（4）**噪声**：干扰，包括信道中的噪声及分散在通信系统中的其他噪声的集中表示。（5）**译码器**：包括**解调器**、**译码器**、**数模转化器**等。

（6）**信宿**：信息的归宿和接受者。（力杨记忆：注意区分编/译码器，信息的传输技术是信息的核心技术）

4．信息系统的特性

（1）**开放性**：系统的开放性是指系统的**可访问性**。

（2）**脆弱性**：稳定性的反面，即系统可能存在着**丧失结构**、**功能**、**秩序的特性**。

（3）**健壮性**：**鲁棒性**，系统具有**抵御出现非预期状态的特性**。

（4）**稳定性**：受规则的约束，系统的内部结构和秩序应**可以预见的，可以被预测也可以预估相关的可能性**。

（5）**可嵌套性**：包括若干个子系统，系统之间能够耦合成一个**更大的**系统，便于对系统**分层**、**分布管理**。

（6）**目的性**：有明确的目标或者目的，目标性决定了系统的功能。（力杨记忆：重点掌握开放性、脆弱性、健壮性）

5．信息系统的组成部件

由硬件、软件、**数据库**、网络、存储设备、感知识别、外设、**人员**以及把数据处理成信息的规程等组成。

（1）**数据库**：**是经过机构化、规范化组织后的事实和信息的集合**，是信息系统中**最有价值和最重要的**部分之一。

（2）**人员**：人是信息系统中最重要的因素。信息系统人员包括**所有管理、运行、编写和维护系统的人**。（力杨记忆：掌握数据库、人员）

6. 信息化的 5 个层次

从小到大依次为**产品信息化→企业信息化→产业信息化→国民经济信息化→社会信息化**。

（1）产品信息化是信息化的**基础**。
（2）企业信息化是国民经济信息化的基础，结构包括：**产品（服务）层、作业层、管理层、决策层**。（力杨记忆：产品作业 - 管理决策）。
（3）企业信息化发展的基本原则：**效益**原则、"**一把手**"原则、**中长期与短期建设相结合**原则、**规范化与标准化**原则、**以人为本**原则。

7. 信息化的主体

全体社会成员，包含政府、企业、事业、团体和个人。
（1）它的**时域**是一个**长期的过程**。
（2）**空域**是政治、经济、文化、军事和社会的**一切领域**。
（3）**手段**是基于现代信息技术的**先进社会生产工具**。
（4）**途径**是创建信息时代的**社会生产力**。
（5）**目标**是使国家的综合实力、社会的文明素质和人民的生活质量**全面提升**。（力杨记忆：重点区分手段、途径）

8. 国家信息化体系 6 要素

（1）信息资源：**核心任务**，信息资源、材料资源和能源共同构成了国民经济和社会发展的三大战略资源。
（2）信息网络：**基础设施**。
（3）信息技术和应用：**龙头、主阵地**。
（4）信息技术和产业：**物质基础**。
（5）信息化人才：**成功之本**。
（6）信息化政策法规和标准规范：**保障**。（力杨记忆：高频考点，注意信息网络、信息技术和产业容易混淆；信息技术应用要素向其他 5 个要素提出要求，而其他 5 个要素又反过来支持信息技术应用）

9. 信息资源的特点

（1）能够**重复使用**，其价值在使用中得到体现。

（2）信息资源的利用具有很强的目标导向，**不同的信息在不同的用户中体现不同的价值**。

（3）具有**广泛性**：人们对其检索和利用，不受时间、空间、语言、地域和行业的制约。

（4）是社会公共财富，也是商品，**可以被交易或者交换**。

（5）具有**流动性**，通过信息网可以快速传输。

（6）**多态性**，信息资源可以以数字、文字、图像、声音、视频等多种形态存在。

（7）**融合性**，整合不同的信息资源并分析、挖掘，可以得到新的知识，取得比分散信息资源更高的价值。

10. 我国企业信息化发展战略要点

（1）**以信息化带动工业化**。

（2）信息化与企业业务全过程的融合、渗透。

（3）信息产业发展与企业信息化良性互动。

（4）充分发挥政府的**引导**的作用。

（5）高度重视信息安全。

（6）企业信息化与企业的改组改造和形成现代企业制度有机结合。

（7）"因地制宜"推荐企业信息化。

信息化发展原则：

（1）统筹发展，有序推进。

（2）需求牵引，**市场导向**。

（3）完善机制，**创新驱动**。

（4）加强管理，保障安全。（力杨记忆：注意是市场导向而非政府主导，政府引导可以；创新驱动而非资源驱动）

11. 两化融合：工业化、信息化

（1）信息化与工业化**发展战略**的融合。

（2）信息资源与材料、能源等**工业资源**的融合。

（3）**虚拟经济**与工业实体经济融合。

（4）**信息技术与工业技术、IT设备与工业装备**的融合（力杨记忆：两化协同发展，四化是指工业化、信息化、城镇化、农业现代化）。

12．ERP

采用**客户/服务器、浏览器/服务器体系结构**和**分布式数据处理技术**，支持 Internet、电子商务和电子数据交换（EDI）。ERP 是**统一的集成系统**、是**面向业务流程的系统**、是**模块化可配置的**、是**开放的系统**。

13．在线（联机）分析处理（OLAP）

强调企业的**事前控制能力**。OLAP 有多种实现方法，根据存储数据的方式不同可以分为 ROLAP（**基于关系数据库**）、MOLAP（**基于多维数据组织**）和 HOLAP（**基于混合数据组织**）。（力杨记忆:OLAP 在线分析处理；OLTP 联机事务处理）

14．CRM 客户关系管理

（1）CRM **以信息技术为手段**，但是 CRM 绝不仅仅是某种信息技术的应用，它更是一种**以客户为中心**的商业策略，CRM 注重的是与客户的交流，**企业的经营是以客户为中心，而不是传统的以产品或以市场为中心**。

（2）CRM 三角模型：信息技术、CRM 应用系统、CRM 经营理念。

（3）CRM 应用功能设计：自动化的**销售**、自动化的**市场营销**、自动化的**客户服务**。（4）CRM 应用设计特点：**可伸缩性**、**可移植性**。

（5）CRM 的三个要点：客户、关系、管理。

15．客户数据

（1）**描述性数据**：客户的基本信息，如果是个人客户，一定要涵盖客户的姓名、年龄、ID 和联系方式等；如果是企业客户，一定要涵盖企业的名称、规模、联系人和法人代表等。

（2）**促销性数据**：体现企业曾经为客户提供的产品和服务的历史数据，主要包括用户产品使用情况调查的数据、促销活动记录数据、客服人员的建议数据和广告数据等。

（3）**交易性数据**：反映客户对企业做出的回馈的数据，包括**历史购买记录数据、投诉数据、请求提供咨询及其他服务的相关数据、客户建议数据**等，如何有效地采集客户数据。（力杨记忆:区分促销性、交易性）

16. 数据挖掘

（1）完整的数据挖掘过程必须包括**数据的清理与集成**、**数据的选择与变换**、**数据挖掘**以及**最后的知识评估与表示**。

（2）数据挖掘的直接对象一般包括**关系数据库**、**数据仓库**、**事务数据库**以及一些新型的**高级数据库**。

（3）数据挖掘的任务可以把数据挖掘的任务分成两项：**描述**、**分类和预测**。

17. 供应链管理SCM

（1）自顶向下和自底向上相结合的设计原则、简洁性原则、取长补短原则、动态性原则、合作性原则、创新性原则、战略性原则。

（2）供应链三个阶段为**初级萌芽阶段**、**形成阶段**、**成熟阶段**。

（3）供应链特点：**交叉性**、**动态性**、**存在核心企业**、**复杂性**、**面向用户**。

18. 商业智能（BI）

指用现代数据仓库技术、线上分析处理技术、数据挖掘和数据展现技术进行数据分析以实现商业价值。

（1）它是**数据仓库**、OLAP和**数据挖掘**等技术的综合运用（**商业智能不是什么新技术**）。

（2）商业智能一般由**数据仓库**、**联机分析处理**、**数据挖掘**、**数据备份和恢复**等部分组成。

（3）**商业智能的3个层次：数据报表、多维数据分析、数据挖掘**。

（4）**实施商业智能6个步骤**：需求**分析**、数据仓库**建模**、数据**抽取**、建立商业智能分析**报表**、用户培训和数据模拟**测试**、系统**改进**和完善。

（5）**商业智能的4个功能**：①**数据仓库**：实现高效访问，提供**结构化和非结构化数据存储**；②**数据ETL**（**抽取**、**转换**、**加载**）：支持多平台、多种数据存储格式；③**数据统计输出**（**报表**）：包括**统计数据表样式和统计图展示**；④**分析功能**：有一定的交互要求，**支持多维度OLAP**。（力杨记忆：高频考点，排序题，区分3个层次和4个功能）

19. 人工智能（AI）

是研究、开发用于模拟、延伸和扩展人的智能的理论、方法、技术及应用系统的一门**新的技术科学**。典型应用有：AR/VR/MR，**智能语音识别**（科大讯飞输入法）、百度／小爱音箱、人脸识别、图像识别、无人驾驶、AlphaGo 等。**机器学习是人工智能技术的核心**。

20．"互联网＋"

（1）就是"**互联网＋各个传统行业**"，但这并不是简单的两者相加，而是利用信息通信技术以及互联网平台，让互联网与传统行业进行深度融合，创造出的发展生态。（2）到 2025 年，**网络化**、**智能化**、**服务化**、**协同化**的"互联网"产业生态体系基本完善，"互联网＋"新经济形态初步形成，"互联网＋"成为经济社会创新发展的重要力量。

（3）"互联网＋"六大特征：跨界融合、**创新驱动**、重塑结构、尊重人性、开放生态、连接一切。

21．5G 技术

2019 年 6 月 6 日，工信部向**中国移动**、**中国电信**、**中国联通**、**中国广电**等四家企业颁发 5G 商用牌照，标志着我国正式进入 5G 商用元年。**5G 的体验速率为 1Gbps**。

22．6G 第六代移动通信技术

主要促进的就是**物联网的发展**，6G 仍在开发阶段。6G 的传输能力可能比 5G 提升 100 倍，峰值速率可达 1Tbps，网络延迟也可能从毫秒降到**微秒级**。6G 将使用"空间复用技术"，6G 基站将可同时接入数百个甚至数千个无线连接，其容量将可达到 5G 基站的 1000 倍。

23．三网融合

电信网、计算机网络、广播广视网。

24．**电子政务：G2G（政府－政府）、G2B（政府－企业）、G2C（政府－公众）、G2E（政府－公务员）**

建立完善电子政务平台：①完成**以云计算为基础**的电子政务公共平台顶层设计；②全面提升电子政务技术服务能力；③制定电子政务云计算标准规范；④鼓励向**云计算**模式迁移。（力杨记忆：考试给出一段话判断电子

政务类型）

25. 电子商务

B2G（企业－政府）、B2B（企业－企业）、B2C（企业－消费者）、C2C（消费者－消费者）、O2O（线上－线下）。EDI（电子数据交换）是连接原始电子商务和现代电子商务的纽带。

加快电子商务发展的基本原则：

（1）企业主体、政府推动。

（2）统筹兼顾、虚实结合。

（3）着力创新、注重实效。

（4）规范发展、保障安全。（力杨记忆：考试给出一段话判断电子商务类型，B2B：阿里巴巴；B2C：京东、苏宁、当当；C2C：淘宝、易趣、拼多多；O2O：影院、外卖等）

26. 电子商务特征

（1）**普遍性**：可应用于各个行业。

（2）**便利性**：不受区域、环境、时间限制。

（3）**整体性**：有完整的人工、电子信息处理流程。

（4）**安全性**：进行加密、身份认证、数字签名等。

（5）**协调性**：企业与企业、企业与客户等等方面相互协调。（力杨记忆：重点区分普遍性、便利性）

27. 电子商务按照依托网络类型来划分

EDI（电子数据交换）商务、Internet（互联网）商务、Intranet（企业内部网）商务、Extranet（企业外部网）商务。（力杨记忆：关键词记忆）

28. 电子商务系统的结构和要点

（1）**网络基础设施**：远程通信网、有线电视网、无线电通信网和Internet。

（2）**多媒体内容和网络出版的基础设施**：HTML、JAVA、全球Web。

（3）**报文和信息传播的基础设施**：电子邮件系统、在线交流系统、基于HTTP或HTTPS的信息传输系统、流媒体系统。

（4）**商业服务的基础设施**：商品目录和价格目录、电子支付网关、安全认证。

29．移动互联网关键技术

（1）**架构技术 SOA**：面向服务的架构，SOA 是一种**粗粒度、松耦合**服务架构，服务之间通过简单、精确定义接口进行通讯，不涉及底层编程接口和通讯模型。Web Service **是目前实现 SOA 的主要技术**。

（2）**页面展示技术 Web2.0**：严格来说**不是一种技术**，而是提倡众人参与的互联网思维模式，是**相对于 Web 1.0 的新的时代**。指的是一个利用 Web 的平台，由用户主导而生成的内容互联网产品模式。

（3）**页面展示技术 HTML5**：具有高度互动性、丰富用户体验以及功能强大的客户端。HTML 5 手机应用的最大优势就是可以在网页上直接调试和修改。

（4）**主流开发平台 Android、iOS、Windows Phone**：其中 android 是一种基于 linux 的自由及开放源代码的操作系统，主要应用于**移动设备**；特点是入门容易，因为 android 的中间层多以 Java 实现。

30．物联网（IoT）

（1）即"物物相联之网"，不是一种物理上独立存在的完整网络；物联网的"网"应和通信介质、通信拓扑结构无关。

（2）包含**传感器技术（RFID 射频识别）**和**嵌入式技术**。

（3）**物联网架构**：①**感知层**：负责信息采集和物物之间的信息传输，是实现物联网全面感知的核心能力（**信息采集技术：传感器、条码及二维码、RFID 射频技术、音视频；信息传输技术：远近距离数据传输、自组织组网、协同信息处理、信息采集中间件**）；②**网络层**：是实现物联网的基础设施，是物联网三层中标准化程度最高、产业化最强、最成熟的部分。（**物联网管理中心、物联网信息中心**）；③**应用层**：是物联网发展的根本目标（物联网与用户的接口）。（力杨记忆：感知层是物联网架构的基础层面）。

（4）**物联网感知层的技术**：①产品和传感器自动识别技术（**条码、RFID、传感器**等）；②无线传输技术（WLAN、Bluetooth、ZigBee、UWB）；③自组织组网技术；④中间件技术。

31. 智慧城市功能层

（1）**物联感知层**、通信网络层、计算与存储层、**数据及服务支撑层**（SOA、**云计算**、**大数据技术**、**智能挖掘技术**、**协同处理**）、智慧应用层（智慧医疗、智慧旅游、智慧教育等）。

（2）智慧城市**物联网支撑体系**：安全保障体系、建设和运营管理体系、标准规范体系。

32. 云计算（Cloud Computing）

（1）是一种基于互联网的计算方式，通过这种方式，在网络上配置为**共享的软件资源**、**计算资源**、**存储资源**和信息资源可以按需求提供给网上终端设备和终端用户。

（2）**云计算主要特点为**：一是**宽带网络连接**，用户需要通过宽带网络接入"云"中，并获得有关的服务，"云"内节点之间也通过内部的高速网络相连；二是**快速**、**按需**、**弹性的服务**，用户可以按照实际需求迅速获取或释放资源，并可以根据需求对资源进行动态扩展。具体特点主要表现在：超大规模、**虚拟化**、高可靠性、通用性、高可扩展性、**按需服务**、**极其廉价**、**潜在的危险性**。

33. 云计算服务类型

（1）**IaaS 基础设施即服务**：提供**计算机能力**、**存储空间**等基础设施方面的服务（**单纯出租资源，盈利能力有限**）。

（2）**PaaS 平台即服务**：提供**虚拟的操作系统**、**数据库系统**、**WEB 应用**等**平台化**的服务。

（3）**SaaS 软件即服务**：提供应用**软件**、**组件**、**工作流**等**虚拟软件**的服务（一般采用 Web 技术、SOA 架构）。

（4）**云计算的基础设施关键技术**：服务器、网络、数据中心。

（5）从应用范围来看，云计算可分为：**公有云**、**私有云**、**混合云**。**公有云**通常指第三方提供商给用户能够使用的云，公有云一般可通过 Internet 使用，可能是免费或成本低廉的。**私有云**是为一个客户单独使用而构建的，因而提供对数据、安全性和服务质量的最有效控制。该公司拥有基础设施，并可以控制在此基础设施上部署应用程序的方式。**混合云**就是将公有、私有两种模式结合起来，根据需要提供统一服务的模式。

34．大数据（big data）

（1）指无法在一定时间范围内用**常规软件工具**进行捕捉、管理和处理的数据集合，是需要**新处理模式**才能具有更强的决策力、洞察发现力和流程优化能力的海量、高增长率和多样化的信息资产

（2）大数据从数据源经过分析挖掘到最终获得价值一般需要经过5个主要环节，包括**数据准备**（ETL、**提取**、**转化**、**加载**）、**数据存储与管理**（SQL）、**计算处理**（**批处理**、**交互分析**、**流处理**）、**数据分析**（**数据挖掘**、**数据仓库**、OLAP、**商务智能**）、**知识展现**（**数据可视化**）。

（3）5V 特点：Volume（**大量**）、Variety（**多样**）、Value（**价值**——**价值密度低**）、Veracity（**真实性**）、Velocity（**高速**）。

（4）大数据的意义**不在于掌握庞大的数据信息**，而**在于对这些数据进行专业化处理**，实现数据的"增值"。

（5）大数据分析相比于传统的数据仓库应用，具有**数据量大**、**查询分析复杂**等特点；在技术上，大数据必须依托于云计算的分布式处理、分布式数据库和云存储、虚拟化技术等（力杨记忆：大多价真高，DB←NB←BB←YB←ZB←EB←PB←TB←GB←MB←KB←B,自左向右:1024换算）。

35．大数据关键技术

（1）HDFS：Hadoop **分布式文件系统**（HDFS）是适合运行在通用硬件上的分布式文件系统，是一个高度容错性的系统，适合部署在廉价的机器上。HDFS 能提供**高吞吐量的数据访问**，非常适合**大规模数据集上的应用**。

（2）HBase：是个**分布式的、面向列的开源数据库**。适合于**非结构化数据存储的数据库**。

（3）MapReduce：是**一种编程模型**，用于**大规模数据集（大于1TB）的并行运算**。（4）Chukwa：是一个开源的**用于监控大型分布式系统的数据收集系统**。（力杨记忆：高频考点，务必掌握）

36．区块链（Block chain）

（1）是一个分布式共享账本和数据库，是**分布式**数据存储、点对点

传输、共识机制、加密算法等计算机技术的新型应用模式。

（2）具有**去中心化**、**不可篡改**、**全程留痕**、**可以追溯**、**集体维护**、**公开透明**等特点。区块链可以在不可信的网络建立可信的信息交换，让信任产生无损的传递，整个降低社会的摩擦成本，拓展人们的信任基础，提高合作能力。

（3）**组成：数据层**（数据区块、链式结构、**时间戳**、**哈希函数**、**非对称加密**）→**网络层**（P2P 网络、**传播机制**、**验证机制**）、共识层（PoW、PoS、DPoS）、激励层（发行机制、分配机制）、合约层（脚本代码、算法机制、智能合约）、**应用层**（可编程货币、可编程金融、可编程社会）。

（4）区块链是新一代信息技术的重要组成部分，是分布式网络、加密技术、智能合约等多种技术集成的新型数据库软件。基本原则：**应用牵引、创新驱动、生态培育、多方协同、安全有序**。

（5）区块链与**互联网**、**大数据**、**人工智能**等新一代信息技术深度融合，在各领域实现普遍应用，培育形成若干具有国际领先水平的企业和产业集群，产业生态体系趋于完善。区块链成为建设制造强国和网络强国，发展数字经济，实现国家治理体系和治理能力现代化的重要支撑。

37．"两网、一站、四库"

"两网"是指政务内网和政务外网；"一站"是指**政府门户网站**；"四库"即建立人口、**法人单位**、**空间地理和自然资源**、**宏观经济**等四个基础数据库。

38．东数西算

指通过构建**数据中心**、**云计算**、**大数据**一体化的新型算力网络体系，将东部算力需求有序引导到西部，优化数据中心建设布局，促进东西部协同联动。"东数西算"中的"**数**"**，指的是数据**，"**算**"**指的是算力**，即对数据的处理能力。2022 年 2 月，在京津冀、长三角、粤港澳大湾区、成渝、内蒙古、贵州、甘肃、宁夏 8 **地**启动建设国家算力枢纽节点，并规划了 10 个国家数据中心集群。

39．元宇宙

本质上是对现实世界的**虚拟化**、**数字化**过程，需要对内容生产、经济系统、用户体验以及实体世界内容等进行大量改造。但元宇宙的发展是循序渐进的，是在共享的基础设施、标准及协议的支撑下，由众多工具、平台不断融合、进化而最终成形。它基于**扩展现实**技术提供沉浸式体验，基于**数字孪生**技术生成现实世界的镜像，基于**区块链**技术搭建经济体系，将虚拟世界与现实世界在经济系统、社交系统、身份系统上密切融合，并且允许每个用户进行内容生产和世界编辑。

40．"十四五"规划内容

（1）**坚持创新**在我国现代化建设全局中的核心地位，把科技自立自强作为国家发展的战略支撑，面向世界科技前沿、面向经济主战场、面向国家重大需求、面向人民生命健康，深入实施**科教兴国**战略、**人才强国**战略、**创新驱动**发展战略，完善国家创新体系，加快**建设科技强国**。

（2）聚焦**量子信息**、**光子与微纳电子**、**网络通信**、**人工智能**、**生物医药**、**现代能源系统**等重大创新领域组建一批国家实验室，重组国家重点实验室，形成结构合理、运行高效的实验室体系。

（3）瞄准**人工智能**、**量子信息**、**集成电路**、**生命健康**、**脑科学**、**生物育种**、**空天科技**、**深地深海**等前沿领域，实施一批具有前瞻性、战略性的国家重大科技项目。

（4）深入实施**智能制造**和**绿色制造**工程，发展服务型制造新模式，推动制造业**高端化智能化绿色化**。培育先进制造业集群，推动**集成电路**、航空航天、船舶与海洋工程装备、机器人、先进轨道交通装备、先进电力装备、工程机械、高端数控机床、医药及医疗设备等产业创新发展。

（5）聚焦新一代信息技术、生物技术、新能源、新材料、高端装备、新能源汽车、绿色环保以及航空航天、**海洋装备**等战略性新兴产业，加快关键核心技术创新应用，增强要素保障能力，培育壮大产业发展新动能。

（6）在**类脑智能**、**量子信息**、**基因技术**、**未来网络**、**深海空天开发**、**氢能与储能**等前沿科技和产业变革领域，组织实施未来产业孵化与加速计划，谋划布局一批未来产业。

（7）围绕强化数字转型、智能升级、融合创新支撑，布局建设**信息基础设施**、**融合基础设施**、**创新基础设施**等新型基础设施。

（8）迎接数字时代，激活数据要素潜能，推进网络强国建设，加快建设**数字经济**、**数字社会**、**数字政府**，以**数字化转型**整体驱动生产方式、生活方式和治理方式变革。

（9）培育壮大**人工智能**、**大数据**、**区块链**、**云计算**、**网络安全**等新兴数字产业，提升通信设备、核心电子元器件、关键软件等产业水平。构建基于 5G 的应用场景和产业生态，在智能交通、智慧物流、智慧能源、智慧医疗等重点领域开展试点示范。鼓励企业开放搜索、电商、社交等数据，发展第三方大数据服务产业。促进共享经济、平台经济健康发展。

（10）坚持**以企业为主体**，**以市场为导向**，遵循国际惯例和债务可持续性原则，健全多元化融资体系。

（11）基本实现新型**工业化**、**信息化**、**城镇化**、**农业现代化**，建成现代化经济体系。

41. IT 前沿知识

（1）**新型数据中心**是指以支撑经济社会数字转型、智能升级、融合创新为导向，以 5G、**工业互联网**、**云计算**、**人工智能**等应用需求为牵引，汇聚多元数据资源、运用绿色低碳技术、具备安全可靠能力、提供高效算力服务、赋能千行百业应用，与网络、云计算融合发展的新型基础设施。确定了"**统筹协调，均衡有序**；**需求牵引，深化协同**；**分类引导，互促互补**；**创新驱动，产业升级**；**绿色低碳，安全可靠**"的基本原则。

（2）5G 应用"扬帆"行动计划：按照**需求牵引**、**创新驱动**、**重点突破**、**协同联动**的基本原则，在遵循技术演进规律、市场发展规律基础上，充分发挥"有效市场"在资源配置中的决定性作用，更好发挥"有为政府"的管理和服务作用，通过搭平台、出政策、树典型、优环境等多种措施，助推 5G 应用规模化发展。《行动计划》结合当前 5G 应用现状和未来趋势，确立了未来三年我国 5G 发展目标。到 2023 年，我国 5G 应用发展水平显著提升，综合实力持续增强。打造 IT（**信息技术**）、CT（**通信技术**）、OT（**运营技术**）深度融合新生态，实现重点领域 5G 应用深度和广度双突破，构建技术产业和标准体系双支柱，网络、平台、安全等基础能力进一步提升，5G 应用"扬帆远航"的局面逐步形成。

（3）IPv6 流量提升三年专项行动计划："IPv6+"是基于 IPv6 的下一代互联网技术创新体系，包括以 SRv6、**网络切片**、**随流检测**、BIERv6 和 APN6 等内容为代表的协议创新，以网络分析、自动调优等网络智能化为代表的技术创新，以及以 5G 承载和云网融合为重点应用场景的业务创新。

（4）实现**碳达峰**、**碳中和**目标，要坚持"全国统筹、节约优先、双轮驱动、内外畅通、防范风险"原则。实现**碳达峰**、**碳中和**，是以习近平同志为核心的党中央统筹国内国际两个大局作出的重大战略决策，是着力解决资源环境约束突出问题、实现中华民族永续发展的必然选择，是构建人类命运共同体的庄严承诺。**碳达峰**：是指二氧化碳排放量达到历史最高值，然后经过平台期进入持续下降的过程，也是二氧化碳排放量由增转降的历史拐点，2030 **年达到目标**。**碳中和**：是指通过能效提升和能源替代将人为活动排放的二氧化碳减至最低程度，然后通过森林碳汇或捕集等其他方式抵消掉二氧化碳的排放，实现源与汇的平衡，2060 **年达到目标**。蚂蚁集团上线了蚂蚁链企业碳中和管理 SaaS 产品 —— **"碳矩阵"**，并已用于自身的碳中和流程管理。

第2章　信息系统集成和服务管理

> 【章节说明】本章考试分值1-2分，熟悉重点知识点即可，考试题型为选择题。

1. ITIL（信息技术基础架构库）：

ITIL包含着如何管理IT基础设施的流程描述，以流程为向导、以客户为中心，通过整合IT服务与企业服务，提高企业的IT服务提供和服务支持的能力和水平。

2. ITSM（IT服务管理）

（1）ITSM的核心思想IT组织**不管是组织内部的还是外部的，都是**IT**服务提供者**，其主要工作就是提供**低成本**、**高质量**的IT服务。它是一种**以服务为中心**的IT管理。

（2）IT服务标准体系ITSS包含IT服务的**规划设计**、**部署实施**、**服务运营**、**持续改进**、**监督管理**等全生命周期阶段应遵循的标准。

（3）实施ITSM的根本目标：①**以客户为中心提供**IT**服务**；②提供高**质量、低成本**的服务；③提供的服务是**可准确计价的**。

（4）ITSM的范围：适用于IT管理而不是企业的业务管理、ITSM不是通用的IT规划方法。（5）ITSM的价值：商业价值、财务价值、创新价值、内部价值、员工利益。（力杨记忆：必考题，主要顺序题"规划－部署－服务－改进－监督"）

3. ITSS（信息技术服务标准）

（1）ITSS组成要素PPTR：（P）人员（正确选人）、（P）过程（正确做事）、（T）技术（高效做事）、（R）资源（保障做事）。

（2）ITSS生命周期：**规划设计**：从客户角度出发，以需求为中心，参照ITSS对IT服务进行全面系统的战略规划和设计，为IT服务的部署实施做好准备，以确保提供满足客户需求的IT服务。**部署实施**：在规划设计基础上，依据ITSS建立管理体系，部署专用工具及服务解决方案。**服务运营**：根据服务部署实施情况，依据ITSS，采用过程方法，全面管理基础设施、服务流程、人员和业务连续性，实现业务运营与IT服务运营融合。**持续改进**：根据服务运营的实际情况，定期评估IT服务满足业务运营的情况，以及IT服务本身存在的缺陷，提出改进策略和方案，并对IT服务进行重新规划设计和部署实施，以提高IT服务质量。**监督管理**：本阶段主要依据ITSS对IT服务质量进行评价，并对服务供方的服务过程、交付成果实施监督和绩效评估。（力杨记忆：高频考点）

4．IT的服务产业化进程

产品服务化→服务标准化→服务产品化。（力杨记忆：注意顺序）

5．信息系统审计

（1）是全部审计过程的一个部分。信息系统审计的目的是**评估并提供反馈、保证及建议**。

（2）是一门**边缘性学科**，跨越多学科领域。信息系统审计是建立在以下4个理论（**传统审计理论、信息系统管理理论、行为科学理论、计算机科学**）基础之上的。（3）特点：**可用性**（随时可以使用）、**完整性**（不被篡改）、**保密性**（不被泄露）。（力杨记忆：概念理解）

6．信息安全审计主要组成内容

（1）信息系统的管理、规划与组织。
（2）信息系统技术基础设施与操作实务。
（3）资产的保护。
（4）灾难恢复与业务持续计划。
（5）应用系统开发、获得、实施与维护。
（6）业务流程评价与风险管理。

7．信息安全审计依据

（1）一般公认信息系统审计准则：ISACA公告、职业准则、职业道德规范。

（2）信息系统的控制目标。

（3）其他法律和规定。

8．基于风险方法进行审计的步骤

（1）**编制**组织使用的信息系统清单并对其进行分类。

（2）**决定**哪些系统影响关键功能和资产。

（3）**评估**哪些风险影响这些系统及对商业运作的冲击。

（4）在上述评估的基础上对**系统分级**，决定审计优先值、资源、进度和频率。（力杨记忆：主要顺序题，"编制→决定→评估→分级"）

9．基于风险的审计方法内涵：企业风险、确定风险、风险评估、风险管理、风险沟通。

第3章 信息系统集成专业技术知识

【章节说明】本章考试分值12分左右，重点章节，考试题型为选择题，按照关键词记忆法速记即可。部分新一代信息技术内容已经在第1张章中说明。

1. 信息系统生命周期：

（1）立项：概念阶段或**需求阶段**，形成SRS需求规格说明书（系统规划）。

（2）开发：系统分析（需求分析）、系统设计（概要设计、详细设计）、系统实施、**系统验收**。

（2）运维：运行和维护阶段（**更正性** + **适应性** + **预防性** + **完善性**）。

（4）消亡：衰退和灭亡阶段。（力杨记忆：高频考点，注意系统规划、系统验收）

2. 信息系统开发方法

（1）**结构化方法**（**生命周期法**）：把整个系统的开发过程分为若干阶段，然后依次进行，前一阶段是后一阶段的工作依据，**按顺序完成**。每个阶段和主要步骤都有明确详尽的文档编制要求，并对其进行有效控制。结构化方法的特点是注重开发过程的整体性和全局性。缺点是**开发周期长**；文档、设计说明繁琐，工作效率低。其精髓是自顶而下，**逐步求精和模块化设计**。

（2）面向对象方法（OO）：用对象表示客观事物，对象是一个严格模块化的实体，在系统开发中可被共享和重复引用，以达到复用的目的。其关键是能否建立一个全面、合理、统一的模型，既能反映需求对应的问题域，也能被计算机系统对应的求解域所接受。主要涉及**分析**、**设计**和**实现**三个阶段，**特点是在整个开发过程中使用的是同一套工具**。对象是类的实例、类是对象的抽象、类中包含方法和属性、一个类可以产生多个对象。

（3）**原型化法（快速原型法）**：在无法全面准确地提出用户需求的情况下，并不要求对系统做全面、详细的分析，而是基于对用户需求的初步理解，先快速开发一个原型系统，然后通过反复修改来实现用户的最终系统需求。分为**抛弃型原则和进化型原型**。特点：**动态响应、逐步纳入**。

3．系统方案设计

（1）**总体设计**：系统的总体架构方案设计、软件系统的总体架构设计、数据存储的总体设计、计算机和网络系统的方案设计。

（2）**详细设计**：代码设计、数据库设计、人/机界面设计、处理过程设计。（力杨记忆：高频考点，总体设计和详细设计区别）

4．系统架构

（1）是将系统整体**分解为更小的**子系统和组件，从而形成不同的逻辑层和服务。

（2）对整个系统的分解，既要进行"**纵向**"分解，也需要对同一逻辑层分块，进行"**横向**"分解。

（3）**系统的选型**主要取决于系统架构。

5．软件需求

（1）是针对**待解决**问题的特性的描述。**所定义的需求必须被验证**。

（2）在资源有限时，可以通过优先级对需求进行权衡。

（3）通过需求分析，可以**检测和解决需求之间的冲突；发现系统的边界**；并详细描述出系统需求。

6．软件设计

根据软件需求，产生一个软件内部结构的描述，并将其作为软件构造的基础。通过软件设计得到要实现的各种不同模型，并确定最终方案。可以划分为**软件架构设计**(也叫做**高层设计**)和**软件详细设计**两个阶段。

7．软件测试

为了**评价和改进产品质量、识别产品的缺陷和问题而进行的活动**。软件测试是针对一个程序的行为，在有限测试用例集合上，**动态验证**是否达到预期的行为。测试不再只是一种仅在编码阶段完成后才开始的活动。软件测试伴随着**开发和维护**过程，通常划分为：**单元测试**、**集成测试**、**系统测试**。

8．软件维护

（1）将软件维护定义为需要提供软件支持的**全部活动**，这些活动包括在**交付前**完成的活动，以及**交付后**完成的活动。

（2）软件维护类型：①**更正性维护**：更正交付后发现的错误；②**适应性维护**：软件产品能够在变化后或变化中的环境中继续使用；③**预防性维护**：软件产品中的**潜在错误成为实际错误前**，检测并更正它；④**完善性维护**：改进交付后产品的性能和可维护性。

9．评审与审计

包括**管理评审**、**技术评审**、**检查**、**走查**、**审计**等。

（1）**审计**：是正式组织的活动，识别违例情况，并要生成审计报告，采取**更正性行动**。

（2）**软件审计的目的：**是提供软件产品和过程对于可应用的规则、标准、指南、计划和流程的遵从性的**独立评价**。

（3）**管理评审的目的：**是**监控进展，决定计划和进度的状态**，确认需求及其系统分配，或评价用于达到目标适应性的管理方法的有效性。

（4）**技术评审的目的：**是**评价软件产品**。以确定其对使用意图的适合性，目标是识别规范说明和标准的差异，并向管理提供证据，以表明产品是否满足规范说明并遵从标准，而且可以控制变更。

10．软件质量

指软件特性的总和，是软件满足用户需求的能力，即遵从用户需求，达到用户满意。包含：**外部**质量、**使用**质量、**内部**质量。软件质量管理过程由质量保证过程、**验证过程**、**确认过程**、评审过程、审计过程等。（1）**软件质量保证**：通过制订计划、实施和完成等活动保证项目生命周期中的软件产品和过程符合其规定的要求。

（2）验证与确认：确定某一活动的产品是否符合活动的需求，最终的软件产品是否达到其意图并满足用户需求。**验证过程试图确保活动的输出**

产品已经被正确构造,即活动的输出产品满足活动的规范说明;确认过程则试图确保构造了正确的产品,即产品满足其特定的目的。

11．软件配置管理

关注的是软件生命周期中的变更,包括**软件配置管理计划**、**软件配置标识**、**软件配置控制**、**软件配置状态记录**、**软件配置审计**、**软件发布管理与交付**等活动。

（1）软件配置管理计划的制定需要了解组织结构环境和组织单元之间的联系,明确软件配置控制任务。（2）软件配置标识活动**识别要控制的配置项**,并为这些配置项及其版本建立基线。

（3）软件配置控制关注的是**管理软件生命周期中的变更**。

（4）软件配置状态记录标识、收集、维护并报告配置管理的配置状态信息。

（5）软件配置审计是独立评价软件产品和过程**是否遵从已有的规则**、**标准**、**指南**、**计划和流程而进行的**活动。

（6）软件发布管理和交付通常需要**创建特定的交付版本**,完成此任务的关键是软件库。（力杨记忆：配置管理案例中可能涉及,重点掌握）

12．软件过程管理

（1）项目启动与范围定义。

（2）项目规划、制订计划。

（3）项目实施。

（4）项目监控与评审。

（5）项目收尾与关闭。

13．软件开发工具

（1）**软件需求工具**：需求建模工具、需求追踪工具。

（2）**软件设计工具**：软件设计创建、检查工具。

（3）**软件构造工具**：程序编辑器、编译器、代码生成器、解释器、调试器等。

（4）**软件测试工具**：测试生成器、测试执行框架、测试评价工具、测试管理工具、性能分析工具。

（5）软件**维护工具**：**理解工具**（如可视化工具）、**再造工具**（如重构工具）。

（6）软件**配置管理工具**：**追踪工具**、**版本管理工具**和**发布工具**。

（7）软件**工程管理工具**：**项目计划与追踪工具**、**风险管理工具**、**度量工具**。

（8）软件**工程过程工具**：**建模工具**、**管理工具**、**软件开发环境**。

（9）软件**质量工具**：**检查工具**和**分析工具**。（力杨记忆：比较难记，建议记住配置管理、工程管理、工程过程即可）

14．软件复用

（1）**是指利用已有软件的各种有关知识构造新的软件**，以缩减软件开发和维护的费用。复用是提高软件生产力和质量的一种重要技术。

（2）软件复用的主要思想是，将软件看成是由不同功能的"组件"所组成的有机体，每一个组件在设计编写时可以被设计成完成同类工作的通用工具。早期的软件复用主要是**代码级复用**，被复用的知识专指程序，后来扩大到包括领域知识、开发经验、设计决策、架构、需求、设计、代码和文档等一切有关方面。

15．面向对象

（1）**对象**：由数据及其操作所构成的封装体，**是系统中用来描述客观事物的一个模块，是构成系统的基本单位**。用计算机语言来描述，对象是由一组属性和对这组属性进行的操作构成的。对象包含三个基本要素，分别是**对象标识**、**对象状态**和**对象行为**。

（2）**类**：现实世界中实体的形式化描述，**类将该实体的属性（数据）和操作（函数）封装在一起**。类和对象的关系可理解为，**对象是类的实例，类是对象的模板**。

（3）**抽象**：通过特定的实例抽取共同特征以后形成概念的过程。抽象是一种单一化的描述，强调给出与应用相关的特性，抛弃不相关的特性。**对象是现实世界中某个实体的抽象，类是一组对象的抽象**。

（4）**封装**：将相关的概念组成一个单元模块，并通过一个名称来引用它。**面向对象封装是将数据和基于数据的操作封装成一个整体对象**，对数据的访问或修改只能通过对象对外提供的接口进行。

（5）**继承**：表示**类之间的层次关系（父类与子类）**，这种关系使得某类对象可以继承另外一类对象的特征，继承又可分为**单继承和多继承**。

（6）**多态**：使得在多个类中可以定义同一个操作或属性名，并在每个类中可以有不同的实现。**多态使得某个属性或操作在不同的时期可以表示不同类的对象特性**。

（7）**接口**：描述对操作规范的说明，**其只说明操作应该做什么，并没有定义操作如何做**。可以将接口理解成为类的一个特例，它规定了实现此接口的类的操作方法。

（8）**消息**：**体现对象间的交互**，通过它向目标对象发送操作请求。

（9）**组件**：表示软件系统可替换的、物理的组成部分，封装了模块功能的实现。**组件应当是内聚的**，并具有相对稳定的公开接口。

（10）**复用**：指将已有的软件及其有效成分用于构造新的软件或系统。组件技术是软件复用实现的关键。（11）**模式**：描述了一个不断重复发生的问题，以及该问题的解决方案。其包括**特定环境**、**问题**和**解决方案**三个组成部分。（力杨记忆：高频考点）

16．UML

统一建模语言，是一种可视化的**建模语言（不是编程语言）**，比较适合于迭代式的**开发过程**。RUP 是使用面向对象技术进行软件开发的最佳实践之一，是软件工程的过程。

17．面向对象系统分析

用例模型、类–对象模型、对象–关系模型、对象–行为模型。

18．面向对象系统设计

用例设计、类设计、子系统设计。

19．软件架构模式

（1）**管道/过滤器模式**：典型应用包括**批处理系统**。该模式体现了各功能模块**高内聚、低耦合**的"**黑盒**"特性。

（2）**面向对象模式**：典型应用是**基于组件的软件开发**。

（3）**事件驱动模式**：基本原理是组件并不直接调用操作，而是触发一个或多个事件，典型应用包括**各种图形界面应用**。

（4）**分层模式**：典型应用是**分层通信协议**，如 ISO/OSI 的七层网络模型。此模式也是通用应用架构的基础模式。

（5）**客户/服务模式**（C/S）：允许网络分布操作，适用于**分布式系统**。如：TFTP。

（6）**浏览器/服务器模式**（B/S）：为了解决 C/S 模式中客户端的问题，发展形成了浏览器/服务器模式。如：WWW。

20．软件架构分析与评估需要考虑的问题

（1）数据库的选择问题。

（2）用户界面选择问题。

（3）灵活性和性能问题。

（4）技术选择问题。

（5）人员的问题。

21．中间件技术

位于**硬件、操作系统等平台和应用之间的通用服务**；借由中间件，**解决了分布系统的异构问题**。中间件分类：

（1）**数据库访问中间件**：通过一个抽象层访问数据库，从而允许使用相同或相似的代码访问不同的数据库资源。ODBC、JDBC。

（2）**远程过程调用中间件**（RPC）：是一种分布式应用程序的处理方法。Stup、Skeleton。

（3）**面向消息中间件**（MOM）：利用高效可靠的消息传递机制进行平台无关的数据传递，并可基于数据通信进行分布系统的集成。IBM 的 MQSeries。

（4）**分布式对象中间件**：是建立对象之间客户/服务器关系的中间件，结合了对象技术与分布式计算技术。OMG 的 CORBA、JAVA 的 RMI/EJB、Microsoft 的 DCOM 等。

（5）**事务中间件**（TPM）：提供支持大规模事务处理的可靠运行环境，位于客户和服务器之间，完成事务管理与协调、负载均衡、失效恢复等任

务，提供系统的整体性能。IBM/BEA 的 Tuxedo。（力杨记忆：高频考点）

22. 数据库

（1）关系型：Oracle、MySQL、SQL Server。
（2）非关系型：MongoDB。

23. 数据仓库技术

一个**面向主题的**、**集成的**、**相对稳定的**、**反应历史变化**的数据集合，用于**支持管理决策**。数据仓库是对多个异构数据源（**包括历史数据**）的有效集成，集成后按主题重组，且存放在数据仓库中的数据**一般不再修改**。

（1）**数据源**：基础、源泉。
（2）**数据的存储与管理**：整个数据仓库系统的核心。
（3）OLAP 服务器：分析集成数据，包含 ROLAP（**关系数据库**）、MOLAP（**多维数据组织**）和 HOLAP（**混合数据组织**）。
（4）**前端工具**：**查询**工具、**报表**工具、**分析**工具、数据**挖掘**工具等。

24. Web 服务 (Web Services) 技术

定义了一种**松散的**、**粗粒度**的分布计算模式，使用标准的 HTTP(S) 协议传送 XML 表示及封装的内容，Web 服务的主要目标是**跨平台的互操作性**。

（1）用于传递信息的简单对象访问协议（SOAP）。
（2）用于描述服务的 Web 服务描述语言（WSDL）。
（3）用于 Web 服务注册的统一描述。
（4）发现及集成（UDDI）。
（5）数据交换的 XML。随着云计算技术的普及，Web Service 将逐渐融合到**云计算** SaaS **服务**中。

25. JavaEE

（1）应用将开发工作分成两类，业务逻辑开发和表示逻辑开发。
（2）应用服务器运行环境：①**组件**（CoWonent）：表示应用逻辑的代码；②**容器**（Container）：组件的运行环境；③**服务**（Services）：应用服务器提供的各种功能接口，可以同系统资源进行交互。

26．NET 架构

（1）是基于一组开放的互联网协议而推出的一系列的产品、技术和服务。

（2）**通用语言运行环境**处于 .NET 开发框架的**最底层**，**是该框架的基础**，它为多种语言提供了统一的运行环境、统一的编程模型，大大简化了应用程序的发布和升级、多种语言之间的交互、内存和资源的自动管理等。

27．软件引擎

（1）通常是**系统的核心组件**，目的是封装某些过程方法，使得在开发的时候不需要过多地关注其具体实现，从而可以将关注点聚焦在与业务的结合上。

（2）工作流程引擎是**工作流管理系统的运行和控制中心**。

（3）工作流程引擎的主要功能是**流程调度**和**冲突检测**。

28．组件技术

利用某种编程手段，将一些人们所关心的，但又不便于让最终用户去直接操作的细节进行封装，同时实现各种业务逻辑规则，用于处理用户的内部操作细节。

29．OSI 7 层协议

自下往上依次为**物理层**（RS232、V.35、RJ-45、FDDI）→**数据链路层**（HDLC、IEEE802.3/2、PPP、ATM）→**网络层**（IP、ICMP、IGMP、IPX、ARP、RARP）→**传输层**（TCP、UDP、SPX）→**会话层**（RPC、SQL、NFS）→**表示层**（JPEG、ASCII、GIF、DES、MPEG）→**应用层**（HTTP、Telnet、FTP、TFTP、DNS、SMTP、SNMP）。（力杨记忆：重点掌握网络层、传输层、应用层，表示层充当翻译官角色，负责解压缩、加解密）

30．TCP/UDP

（1）TCP/IP 协议是 Internet 的核心。

（2）TCP 是**可靠的**、**面向连接**的、全双工的数据传输服务；UDP 协议是一种**不可靠的**、**无连接**的协议。

（3）FTP、HTTP、SMTP、Telnet 建立在 TCP 之上；TFTP、DHCP、

DNS 建立在 UDP 之上。

（4）IEEE 802.11 是无线局域网 WLAN 标准协议，无线网络是指以**无线电波**作为信息传输媒介。

（5）**路由器**、三层交换机在网络层。（力杨记忆：区别 TCP/UDP）

31．TCP/IP 协议

（1）TCP/IP 的层次模型分为**四层**，其**段高层**相当于 OSI 的 5～7 层，该层中包括了所有的高层协议。

（2）TCP/IP 的**次高层**相当于 OSI 的**传输层**，该层负责在源主机和目的主机之间提供端到端的数据传输服务。这一层上主要定义了两个协议：**面向连接的传输控制协议 TCP** 和**无连接的用户数据报协议 UDP**。（3）TCP/IP 的**第二层**相当于 OSI 的**网络层**，该层负责将分组独立地从信源传送到信宿，主要解决路由选择、阻塞控制及网际互连问题。

（4）TCP/IP 的**最底层为网络接口层**，该层负责将 IP 分组封装成适合在物理网络上传输的帧格式并发送出去，或将从物理网络接收到的帧卸装并取出 IP 分组递交给高层。

32．IP 协议

（1）IPv4 由 32 位（即 4 字节）**二进制数组成**，将每个字节作为一段并以十进制数来表示，IP 地址由网络标识和主机标识两部分组成。

（2）IPv6 也被称作下一代互联网协议，IPv6 地址的 128 位（16 个字节）写成 8 个 16 位的无符号整数，每个整数用 4 个十六进制位表示。

33．网络拓扑

总线型结构、环型结构、星型结构、树型结构、网状结构、混合型。

34．网络交换技术

物理层交换（电话网）、链路层交换（**对 MAC 地址进行变更**）、网络层交换（**对 IP 地址进行变更**）、传输层交换（**对端口进行变更**）、应用层交换（Web 网关）。

35．无线网络技术

（1）根据**应用领域**划分为：无线个域网（WPAN）、无线局域网

（WLAN）、无线城域网（WMAN）、蜂窝移动通信网（WWAN）。

（2）根据**应用**角度划分：无线传感器网络、无线 Mesh 网络、无线穿戴网络、无线体域网。

36．网络分类

计算机网络按照计算机网络所覆盖的地理范围的大小进行分类可分为：**局域网、城域网、广域网**。典型的网络链路传输控制技术有：**总线争用技术**、令牌技术、FDDI 技术、ATM 技术、帧中继（FR）技术和 ISDN 技术。**总线争用技术是以太网的标志**。

37．网络安全

（1）**完整性**：只有得到允许的人才能修改数据，并且能够判别出数据**是否已被篡改**。

（2）**可用性**：得到授权的实体在需要时**可访问数据，可随时使用**。

（3）**可审查性**：对出现的网络安全问题提供调查的**依据和手段**。

（4）**可控性**：可以控制授权范围内的**信息流向及行为方式**。

（5）**机密性**：确保信息**不暴露给未被授权的实体或进程**。

38．网络信息安全产品

（1）**防火墙**：通常被比喻为网络安全的大门，用来鉴别什么样的数据包可以进出企业内部网，**预先定义的策略，是静态的**。

（2）**扫描器**：可以说是**入侵检测的一种**，主要用来发现网络服务、网络设备和主机的漏洞，通过定期的检测与比较，**发现入侵或违规行为留下的痕迹。扫描器无法发现正在进行的入侵行为**，而且它还可能成为攻击者的工具。

（3）**防毒软件**：是最为人熟悉的安全工具，可以检测、清除各种文件型病毒、宏病毒和邮件病毒等。

（4）**安全审计系统**：通过**独立的**、对网络行为和主机操作提供全面与忠实的记录，方便用户分析与审查事故原因，很像飞机上的黑匣子。

39．典型的网络攻击步骤

信息收集→试探寻找突破口→实施攻击→消除记录→保留访问权限。

40."拒绝服务 DOS"攻击

通过网络上的其他机器,对目标主机所在网络服务不断进行干扰,改变其正常的作业流程,执行无关程序使系统响应减慢甚至瘫痪,影响正常用户的使用,甚至使合法用户被排斥而不能进入计算机网络系统或不能得到响应的服务。(力杨记忆:影响可用性)

41. 网络存储技术

(1)**直接附加存储 DAS(SAS):需要驱动**,通过 SCSI 电缆直接连到服务器。

(2)**网络附加存储 NAS:即插即用**,以数据为中心,将存储设备与服务器分离,**支持 TCP/IP 协议**,主要是 NFS、CIFS 来进行文件访问。

(3)SAN **存储区域网络**:专用交换机将磁盘阵列与服务器连接起来的高速专用子网。FC SAN(热插播性、高速带宽、远程连接、连接设备数据量大)、IP SAN(基于 IP 网络实现数据块级别存储)、IB SAN(I/O 技术)。

第4章 项目管理一般知识

> 【章节说明】本章考试分值 4-5 分，考试题型为选择题，涉及案例基础，理解记忆。

1．项目的概念及特点

项目是为达到特定的目的，使用一定资源，在确定的时间内，为特定发起人提供独特的产品、服务或成果而进行的一系列相互关联的活动的集合。

（1）**临时性（一次性）：项目有明确的开始日期、结束日期**。临时性并不一定意味着项目历时短，项目历时依项目的需要而定，可长可短。

（2）**独特性**：独特的产品、服务和成果，"没有完全一样的项目"。

（3）**渐进明细（逐步完善）**：在项目逐渐明细的过程中一定会有修改，产生相应的变更。

（4）**资源约束**。

（5）**目的性**（四个约束因素：**时间、成本、质量、范围**）。

2．项目目标

（1）包括**成果性目标**和**约束性目标**。项目的约束性目标也叫**管理性目标**，项目的成果性目标有时也简称为**项目目标**。项目成果性目标指通过项目开发出的满足客户要求的产品、系统、服务或成果。

（2）**项目的目标特性：多目标性、优先性、层次性**。

（3）项目的目标要求遵守 SMART 原则：**具体的**：Specific；**可测量的**：Measurable；**可以达到的**：Attainable；**有相关性的**：Relevant；**有明确时限的**：Time-bound。

3．项目经理

（1）足够的知识。

（2）丰富的项目管理经验。

（3）良好的协调和沟通能力。

（4）良好的职业道德。

（5）一定的领导和管理能力。（力杨记忆：必须掌握，涉及案例，项目经理既是管理者也是领导者，对专业技术没有要求；对于技术出身的项目经理而言，在独立管理一个项目之前，思维方式要从一个技术人员的角度向一个管理人员的角度转变）

4．事业环境因素

在项目启动时，必须考虑涉及并影响项目成功的环境、组织的因素和系统。**这些因素和系统可能促进项目也可能阻碍项目**。实施单位的**企业文化和组织结构**、国家标准或行业标准、现有的设施和固定资产等、实施单位现有的人力资源、人员的专业和技能、人力资源管理政策如招聘和解聘的指导方针、员工绩效评估和培训记录等、当时的市场状况、**项目干系人对风险的承受力**、**行业风险数据库**。（力杨记忆：注意系统、行业风险数据库属于事业环境因素）

5．组织过程资产

项目实施组织的企业计划、政策方针、规程、指南和管理系统，实施项目组织的知识和经验教训。组织的标准过程、标准指导方针、模板、工作指南、建议评估标准、风险模板和性能测量准则、组织的沟通要求、汇报制度、结项审计、项目评估、产品确认和验收标准指南、财务控制程序、问题和缺陷管理程序、问题和缺陷的识别和解决、问题追踪、变更控制流程、风险控制程序、批准与发布工作授权的程序、**项目档案**、**过程测量数据库**、**问题和缺陷管理数据库**、**配置管理知识库**、**财务数据库**。（力杨记忆：注意程序、数据库属于组织过程资产）

6．项目管理的特点

（1）项目管理是一项**复杂**的工作。

（2）项目管理具有**创造性**。

（3）项目管理需要集权领导和建立专门的**项目组织**。项目的复杂性随其范围不同变化很大。

（4）项目负责人（或称**项目经理**）在项目管理中起着非常重要的作用。

(5)社会经济、政治、文化、自然环境等对项目的影响。

7. 项目组织结构

职能型组织、**矩阵型组织**（弱矩阵型+**平衡矩阵型**+强矩阵型）、项目型组织。（力杨记忆：平衡矩阵是分水岭，然后依次看两边）

8. 职能型组织优缺点

优点：(1)有专门的技术支撑部门，便于知识、技能和经验的交流。

(2)员工稳定，职业生涯晋升道路清晰。

(3)管理灵活、直线沟通、交流简单，责任和权限很清晰。

(4)有利于公司项目发展与管理的连续性。

缺点：(1)项目管理没有正式的权威性。

(2)项目团队中的成员不易产生事业感与成就感。

(3)项目的发展空间容易受到限制。

(4)部门间沟通壁垒大，各自为政。

(5)项目经理权限极小或缺少权力和权限。

9. 项目型组织优缺点

优点：(1)目标明确，权责分明，便于统一指挥。

(2)阶段性有清晰的目标。

(3)内部沟通方便，决策迅速，便于快速执行。

(4)项目经理权限大，利于项目控制和推进。

缺点：(1)管理成本高。

(2)项目环境封闭，业务单一，不利于知识共享。

(3)员工缺乏事业上的连续性。

(4)组织存在不稳定性，随时都有面临解散的风险。

10. 软技能内容

(1)**有效的沟通**：信息交流。

(2)**影响一个组织**："让事情办成"的能力。

(3)**领导能力**：形成一个前景和战略并组织人员达到它。

(4)**激励**：激励人员达到高水平的生产率并克服变革的阻力。

（5）**谈判和冲突管理**：与其他人谈判或达成协议。

（6）**问题解决**：问题定义和做出决策的结合。

11．项目生命周期

项目典型生命周期4个阶段：启动→计划→执行→收尾；项目生命周期描述文件**可以是该要的，也可以详细**；非常详细的生命周期描述可能包括许多表格、图表和检查单；生命周期的描述应该结构清晰，便于控制；大多数项目生命周期都具有许多共同的特征。

12．项目的生命周期特征

（1）**成本与人力投入在开始时较低**，在工作执行期间达到最高，并在项目快要结束时**迅速回落**。

（2）**风险与不确定性在项目开始时最大**，并在项目的整个生命周期中随着决策的制定与可交付成果的验收而**逐步降低**。

（3）**项目干系人**影响项目的最终产品特征和项目最终费用的能力最高，随着项目的继续开展则逐渐变低。（4）**项目变更的代价**在项目**开始时较低**，随着项目进行会**越来越高**。

13．项目典型生命周期模型

（1）**瀑布模型 – 需求明确优先选择，侧重于开发过程**。

（2）**螺旋模型**：四个象限分别代表**制定计划、风险分析、实施工程、客户评估**。螺旋模型强调了风险分析，**特别适用于庞大而复杂的、高风险的系统**。

（3）**迭代模型 – 需求不明确**：包含**初始、细化、构造、移交**四个过程。

（4）**V 模型 – 需求明确且变更不频繁,侧重于测试过程**：需求分析（验收测试）– 概要设计（系统测试）– 详细设计（集成测试）– 编码（单元测试）。

（5）**原型化模型（快速模型）**：**动态响应、逐步纳入**。可分为：抛弃型模型、进化型模型。

（6）**敏捷方法**：是一种以人为核心、迭代、循序渐进的开发方法，适用于一开始并没有或不能完整地确定出需求和范围的项目，或者要应对快速变化的环境，或者**需求和范围难以事先确定**，或者能够有利于干系人的方式定义较小的增量改进。（力杨记忆：高频考点，必须注意区分）

14. 戴明循环（PDCA）

PLAN 计划→ DO 执行→ CHECK 检查→ ACT 行动。

15. 项目管理过程组

（1）**启动过程组**就是定义并批准项目或项目阶段。包括"**制定项目章程**"和"**识别项目干系人**"两个过程。

（2）**计划过程组**就是定义和细化目标。

（3）**执行过程组**就是整合人员和其他资源。**对大多数行业的项目来讲，执行过程组会花掉多半的项目预算。**

（4）**监控过程组**就是要求定期测量和监控项目绩效执行情况，识别与项目管理计划的偏差，以便在必要时采取纠正措施，确保项目目标达成。

（5）**收尾过程组**就是正式验收产品、服务或工作成果，有序的结束项目阶段。（力杨记忆：所有的项目必须经历 5 大过程组，但并非全部有 47 个过程域）

16. 项目管理办公室

是在所辖范围内集中、协调地管理项目的**组织内**的机构。PMO 也被称为"项目办公室""大型项目管理办公室"或"大型项目办公室"，根据需要，可以为一个项目设立一个 PMO，可以为一个部门设立一个 PMO，也可以为一个企业设立一个 PMO。这三级 PMO **可以在一个组织内可以同时存在**。

17. PMO 特征

（1）在所有 PMO 管理的项目之间共享和协调资源。

（2）明确和制定项目管理方法、最佳实践和标准。

（3）负责制订项目方针、流程、模板和其他共享资料。

（4）为所有项目进行集中的配置管理。

（5）对所有项目的集中的共同风险和独特风险存储库加以管理。

（6）项目工具（如企业级项目管理软件）的实施和管理中心。

（7）项目之间的沟通管理协调中心。

（8）对项目经理进行指导的平台。

（9）通常对所有 PMO 管理的项目的时间基线和预算进行集中监控。

（10）在项目经理和任何内部或外部的质量人员或标准化组织之间协调整体项目的质量标准。

18．PMO 分类

（1）**支持型**：担当顾问的角色，项目提供模板、最佳实践、培训，以及来自其他项目的信息和经验教训。（2）**控制型**：不仅给项目提供支持，而且通过各种手段要求项目服从 PMO 的管理策略，**对项目的控制程度属于中等**。

（3）**指令型**：直接管理和控制项目，**对项目的控制程度很高**。

19．项目经理和 PMO 的区别

（1）项目经理和 PMO 追求不同的目标，同样，受不同的需求所驱使，所有工作必须在组织战略要求下进行调整。

（2）**项目经理**负责**在项目约束条件下完成特定的项目成果性目标，而 PMO 是具有特殊授权的组织机构，其工作目标包含组织级的观点**。

（3）**项目经理**关注**特定的项目目标，而 PMO 管理重要的大型项目范围的变化，以更好地达到经营目标**。（4）**项目经理控制赋予项目的资源以最好地实现项目目标，而 PMO 对所有项目之间的共享组织资源进行优化使用**。

（5）**项目经理管理中间产品的范围、进度、费用和质量，而 PMO 管理整体的风险、整体的机会和所有的项目依赖关系**。（力杨记忆：注意对比，案例中可能涉及）

第 5 章　项目立项管理

> 【章节说明】本章考试分值 5 分左右，考试题型为选择题、案例题，案例结合采购管理、合同管理，理解记忆。

1．项目立项内容

一般包括**项目建议书**、**项目可行性分析**、**项目审批**、**项目招投标**、**项目合同谈判与签订**等内容。（力杨记忆：项目建设单位可以规定对于规模较小的系统集成项目省略项目建议书环节，而将其与项目可行性分析阶段进行合并）

2．项目建议书 (RFP)

（1）是项目**建设单位**向**上级主管部门**提交的项目申请**文件**，是对拟建项目提出的总体设想。

（2）项目建议书是项目发展周期的**初始阶段**，是国家或上级主管部门选择项目的依据，也是可行性研究的依据。

（3）项目建设单位组织编制项目建议书，在编制项目建议书阶段应**专门组织项目需求分析**，形成**需求分析报告**送项目审批部门组织专家提出咨询意见，作为编制项目建议书的参考。

（4）项目建设单位完成项目建议书编制工作之后，报送项目审批部门。项目审批部门在征求相关部门意见，并**委托有资格的咨询机构评估后审核批复**，或报国务院审批后下达批复。

3．系统集成类项目建议书内容

（1）项目简介。
（2）项目建设单位概况。
（3）项目建设的必要性。
（4）业务分析。

（5）总体建设方案。

（6）本期项目建设方案。

（7）环保、消防、职业安全。

（8）项目实施进度。

（9）投资估算和资金筹措。

（10）效益和风险分析。

4．系统集成类项目可行性研究报告

（1）项目概述。

（2）项目建设单位概况。

（3）需求分析和项目建设的必要性。

（4）总体建设方案。

（5）本期项目建设方案。

（6）**项目招标方案。**

（7）环保、消防、职业安全。

（8）**项目组织机构和人员培训。**

（9）项目实施进度。

（10）投资估算和资金来源。

（11）效益和评价指标分析。

（12）项目风险和风险管理。

5．项目可行性研究报告

投资必要性、技术可行性、财务可行性、组织可行性、经济可行性、社会可行性、风险因素和决策。

6．项目可行性研究阶段

（1）**机会**可行性研究、**初步**可行性研究、**详细**可行性研究、项目可行性报告的编写提交和获得批准、项目评估。

（2）如果就投资可能性进行了项目机会研究，那么项目的初步可行性研究阶段往往可以省去。

7. 机会可行性研究

是对**投资项目或投资方向提出建议**，并对各种设想的项目和投资机会做出鉴定，其目的是激发投资者的兴趣，寻找最佳的投资机会。

8. 初步可行性研究

是介于机会可行性研究和详细可行性研究的一个中间阶段，是在项目意向确定之后，对项目的初步估计。

9. 初步可行性研究可能出现 4 种结果

（1）肯定，对于比较小的项目甚至可以**直接"上马"**。

（2）肯定，转入详细可行性研究，**进行更深入更详细的分析研究**。

（3）展开**专题研究**，如**建立原型系统**，演示主要功能模块或者验证关键技术。

（4）**否定**，项目应该"下马"。

10. 详细可行性研究

是**在初步可行研究基础上**认为项目基本可行，对项目各方面的详细材料进行**全面的搜集和分析**，对不同的项目实现方案进行**综合评判**，并对项目建成后的绩效进行科学的预测，为项目立项决策提供确切的依据。详细可行性研究需要对一个项目的**技术、经济、环境及社会影响**等进行深入调查研究，**是一项费时、费力且需一定资金支持的工作，特别是大型的或比较复杂的项目更是如此。**

11. 项目可行性研究报告的编写、提交和获得批准

（1）项目通过项目建议书批准环节后，项目建设单位应依据项目建议书批复意见，通过**招标选定**或委托具有相关专业资质的工程咨询机构编制**项目可行性研究报告，报送项目审批部门**。

（2）项目审批部门**委托有资格的咨询机构评估后审核批复，或报国务院审批后下达批复。**

12. 项目审批

（1）项目审批部门对系统集成项目的**项目建议书、可行性研究报告、**

初步设计方案和投资概算的批复文件是后续项目建设的主要依据。

（2）项目可行性研究报告的编制内容与项目建议书批复内容**有重大变更的，应重新报批项目建议书**。项目初步设计方案和投资概算报告的编制内容与项目可行性研究报告批复内容**有重大变更或变更投资超出已批复投资额度 10% 的，应重新报批可行性研究报告**。

（3）项目初步设计方案和投资概算报告的编制内容与项目可行性研究报告批复内容**有少量调整且其调整内容未超出已批复总投资额度 10% 的**，需在提交项目初步设计方案和投资概算报告时**以独立章节对调整部分进行补充说明**。

13．项目招标

（1）**公开招标：是指招标人以招标公告的方式邀请不特定的法人或者其他组织投标。**

（2）**邀请招标：是指招标人以投标邀请书的方式邀请特定的法人或者其他组织投标。**

14．项目招标要求

（1）国有资金占控股或者主导地位的依法必须进行招标的项目，应当公开招标。

（2）**但有下列情形之一的，可以邀请招标**：技术复杂、有特殊要求或者受自然环境限制，只有少量潜在投标人可供选择；采用公开招标方式的费用占项目合同金额的比例过大。

（3）**有下列情形之一的，可以不进行招标**：需要采用不可替代的专利或者专有技术；采购人依法能够自行建设、生产或者提供；已通过招标方式选定的特许经营项目投资人依法能够自行建设、生产或者提供；需要向原中标人采购工程、货物或者服务，否则将影响施工或者功能配套要求；国家规定的其他特殊情形。（4）资格预审文件或者招标文件的**发售期不得少于 5 日**。

（5）通过资格预审的申请人少于 3 个的，应当重新招标。

（6）招标人在招标文件中要求投标人提交投标保证金的，投标保证金**不得超过招标项目估算价的 2%**。投标保证金有效期应当与投标有效期一致。

（7）招标人可以自行决定是否编制标底，一个招标项目**只能有一个标底，标底必须保密**。

（8）招标人**不得规定最低投标限价**。

（9）招标人**不得组织单个或者部分潜在投标人踏勘项目现场**。

（10）依法必须进行招标的项目，招标人应当自收到评标报告之日起3日内公示中标候选人，公示期不得少于3日。

15．项目中标

（1）中标人确定后，招标人应当向中标人发出中标通知书，并同时将中标结果通知所有未中标的投标人。中标通知书对招标人和中标人具有法律效力。

（2）招标人最迟应当在书面合同签订后5日内向中标人和未中标的投标人退还投标保证金及银行同期存款利息。

（3）招标文件要求中标人提交履约保证金的，中标人应当按照招标文件的要求提交履约保证金**不得超过中标合同金额的**10%。

（4）中标人**不得向他人转让中标项目，也不得将中标项目肢解后分别向他人转让**。

（5）中标人按照合同约定或者经招标人同意，可以将中标项目的**部分非主体、非关键性工作分包**给他人完成。接受分包的人应当具备相应的资格条件，并**不得再次分包**。

（6）中标人应当就分包项目向招标人负责，接受分包的人就分包项目**承担连带责任**。

16．招标代理

招标人**有权自行选择**招标代理机构，委托其办理招标事宜。**任何单位和个人不得以任何方式为招标人指定招标代理机构**。

17．项目投标

（1）递交标书：按照投标文件规定的地点、在规定的时间内送达标书。

（2）**错过投递时间，招标人应当拒收**。

（3）如果以邮寄方式送达的，投标人必须留出邮寄时间，保证投文件在截止目前送达指定的地点，**而不是以"邮戳为准"**，错过投递时间，原封退回。

（4）标书签收：招标人收到标书后应当签收，**不得开启**。

（5）禁止投标人相互串通投标：有下列情形之一的，**属于投标人相互串通投标**：①投标人之间协商投标报价等投标文件的实质性内容；②投标人之间约定中标人；③投标人之间约定部分投标人放弃投标或者中标；④属于同一集团、协会、商会等组织成员的投标人按照该组织要求协同投标；⑤投标人之间为谋取中标或排斥特定投标人而采取的其他联合活动。有下列情形之一的，**视为投标人相互串通投标**：①不同投标人的投标文件由同一单位或者个人编制；②不同投标人委托同一单位或者个人办理投标事宜；③不同投标人的投标文件载明的项目管理成员为同一人；④不同投标人的投标文件异常一致或者投标报价呈规律性差异；⑤不同投标人的投标文件相互混装；⑥不同投标人的投标保证金从同一单位或者个人的账户转出。

（6）**禁止招标人与投标人相互串通投标**：有下列情形之一的，**属于招标人与投标人串通投标**：①招标人在开标前开启投标文件并将有关信息泄露给其他投标人；②招标人直接或者间接向投标人泄露标底、评标委员会成员等信息；③招标人明示或者暗示投标人压低或者抬高投标报价；④招标人授意投标人撤换、修改投标文件；⑤招标人明示或者暗示投标人为特定投标人中标提供方便；⑥招标人与投标人为谋求特定投标人中标而采取的其他串通行为。

18．项目评标

（1）评标委员会由具有高级职称或同等专业水平的技术、经济等相关领域**专家**、**招标人**和**招标机构代表**等 5 人以上单数组成，其中**经济、技术等方面的专家人数不得少于成员总数的** 2/3。

（2）评标委员会完成评标后，应当向招标人提出书面评标报告，并推荐合格的中标候选人。

（3）招标人根据评标委员会提出的书面评标报告和推荐的中标候选人确定中标人。招标人也可以授权评标委员会直接确定中标人。

（4）采用竞争性谈判采购方式的，竞争性谈判小组或者询价小组由采购人代表和评审专家共 **3 人以上单数组成**，其中评审专家人数不得少于竞争性谈判小组或者询价小组成员**总数的** 2/3。**评标完成后，评标委员会应当向招标人提交书面评标报告和中标候选人名单。**

（5）**中标候选人应当不超过 3 个，并标明排序。**

（6）评标报告应当由评标委员会**全体成员签字**。对评标结果有不同意见的评标委员会成员应当以书面形式说明其不同意见和理由，评标报告应当注明该不同意见。评标委员会成员拒绝在评标报告上签字又不书面说明其不同意见和理由的，视为**同意评标结果**。

19．项目评估

由**第三方（国家、银行或有关机构）进行**。是项目投资**前期**进行决策管理的重要环节，是审查项目可行性研究的可靠性、真实性和客观性，**为银行的贷款决策或行政主管部门的审批决策提供科学依据。项目评估的最终成果是项目评估报告。**

20．系统集成内部立项

当客户与系统集成供应商签署了合同之后，客户和系统集成商各自所应履行的责任和义务就以合同的形式确定下来，并接受法律保护。这也就意味着系统集成供应商所应承担的合同责任发生了转移，由组织转移到了项目组。正因为存在这种责任转移的情形，许多系统集成供应商采用**内部立项制度**对这种责任转移加以约束和规范。系统集成供应商主要根据项目的特点和类型，**决定是否要在组织内部为所签署的外部项目单独立项**。

21．项目内部立项主要基于以下原因

（1）通过项目立项方式为**项目分配资源**，系统集成合同中虽然有明确的合同金额，但合同执行时需要各种资源，所以通过内部立项方式将合同金额转换为资源类型和资源。

（2）通过项目立项方式**确定合理的项目绩效目标**，有助于提升人员的积极性。

（3）以项目型工作方式，**提升项目实施效率**。

22．系统集成供应商在进行项目内部立项时一般包括的内容

项目资源估算、项目资源分配、准备项目任务书、任命项目经理。

23．合同谈判

在确定中标人后，即进入合同谈判阶段。合同谈判的方法一般是**先谈技术条款，后谈商务条款**。

第 6 章 项目整体管理

> 【章节说明】本章考试分值选择题 5 分左右，考试题型为选择题、案例题，十大管理之首，非常重要。

1. 项目整体管理（六大过程域）

制定项目**章程**、制定项目管理**计划**、指导和管理项目**工作**、**监控**项目工作、实施项目整体**变更**控制、**结束**项目或阶段。(力杨记忆：章程计划、工作监控、变更结束）

2. 制定项目章程

（1）输入：协议、项目工作说明书、商业论证、组织过程资产、事业环境因素。

（2）输出：项目章程。

（3）**工具与技术**：专家判断、引导技术（头脑风暴、冲突处理、问题解决、会议管理）。

3. 制定项目章程内容及作用

（1）作用：①确定并任命项目经理，规定项目经理的权力；②正式确认项目的存在，给项目一个合法的地位；③规定项目的总体目标，包括范围、时间、成本和质量等；④通过叙述启动项目的理由，把项目与执行组织的日常经营运作及战略计划等联系起来。

（2）项目章程是**正式批准项目的文件**；项目章程是由项目实施**组织外部签发的文件**，通常由**高级管理层**签发。项目章程是项目经理寻求**主要干系人**支持的依据。

（3）项目章程之前要进行**需求估计**、**可行性研究**、**初步计划**等。

（4）项目章程不能太抽象，也不能太具体。当项目目标发生变化，需要对项目章程进行修改时，只有**管理层和发起人有权进行变更**，项目经理

对项目章程的修改不在其权责范围之内。项目章程遵循"**谁签发，谁有权修改**"的原则。（力杨记忆：高频考点）

4．项目章程包含内容

（1）项目目的或批准项目的**原因**。

（2）可测量的项目目标和成功的**标准**。

（3）项目的**总体要求**。

（4）概括性的项目**描述**。

（5）项目的主要**风险**。

（6）总体里程碑**进度**计划。

（7）总体**预算**。

（8）项目**审批要求**。

（9）委派的**项目经理**及其职责和职权。

（10）**发起人**或其他批准项目章程的人员的姓名和职权。（力杨记忆：理解记忆）

5．制定项目管理计划

（1）**输入**：项目章程、**其它过程的输出结果**、组织过程资产、事业环境因素。

（2）**输出**：项目管理计划。

（3）**工具与技术**：专家判断、引导技术（头脑风暴、冲突处理、问题解决、会议管理）。

6．制定项目管理计划内容及作用

（1）项目管理计划是**综合性的计划**，是整合一系列分项的管理计划和其他内容的结果用于指导项目的执行、监控和收尾工作。

（2）项目管理计划是在项目管理其他规划过程的成果基础上制订，**所有其他规划过程都是制定项目管理计划过程的依据**。

（3）制定项目管理计划是一个收集其他规划过程的结果，并汇成一份综合的、经批准的、现实可行的、正式的项目计划文件的过程。

（4）项目管理计划可能不只要得到管理层的批准，可能还需要得到其他**主要项目干系人的批准**。

（5）项目管理计划可以是**概括的或详细的**、**正式或非正式的**，可以包含一个或多个辅助计划（即其他各规划过程所产生的所有子管理计划）。

（6）项目管理计划必须是**自下而上**制订出来的。

7．项目管理计划

进度管理计划、**进度基准**、成本管理计划、**成本基准**、质量管理计划、**过程**改进计划、范围管理计划、**范围基准**（**批准的项目范围说明书**、**WBS**、**WBS 词典**）、**需求**管理计划、人力资源管理计划、沟通管理计划、干系人管理计划、风险管理计划、采购管理计划、**变更**管理计划、**配置**管理计划。（力杨记忆：13+3 必背）

8．指导和管理项目工作

（1）输入：项目管理计划、**批准的变更请求**、组织过程资产、事业环境因素。

（2）输出：**可交付成果**、**工作绩效数据**、变更请求、项目文件更新、项目管理计划更新。

（3）工具与技术：专家判断、会议（交换信息、头脑风暴、方案评估、制定决策等）、项目管理信息系统（PMIS）。

9．指导和管理项目工作内容及作用

（1）**通常以"开踢会议"为开始标志**，是为实现项目目标而领导和执行项目管理计划中所定的工作，并实施已批准变更的过程。

（2）主要作用是：对项目工作提供全面指导和管理。

（3）批准的变更请求可能是：**纠正措施**（为使项目工作绩效重新与项目管理计划**一致**而进行的有目的的活动）、**预防措施**（为确保项目工作的**未来绩效**符合项目管理计划而进行的有目的的活动）、**缺陷补救**（为了修正**不一致**的产品或产品组件而进行的有目的的活动）。

10．监控项目工作

（1）输入：**进度预测**、**成本预测**、**确认的变更**、**工作绩效信息**、项目管理计划、组织过程资产、事业环境因素。

（2）输出：**工作绩效报告**、变更请求、项目文件更新、项目管理计划更新。

（3）**工具与技术**：专家判断、会议、项目管理信息系统、分析技术（**回归分析**、挣值管理、**趋势分析**、分组方法、因果分析、根本原因分析、预测方法、失效模式和影响分析、故障树分析、储备分析等）。

11. 监控项目工作内容及作用

（1）是跟踪、审查和报告项目进展，以实现项目管理计划中确定的绩效目标的过程。

（2）监控工作**贯穿于项目工作的始终**，即不仅要对项目执行进行监控，而且要对项目的启动、规划和收尾进行监控。

（3）主要作用是：让干系人了解项目的当前状态、已采取的步骤，以及对预算、进度和范围的预测。

12. 监控项目工作过程主要关注

（1）把项目的实际绩效与项目管理计划进行**比较**。

（2）**评估**项目绩效，决定是否需要采取纠正或预防措施，并推荐必要的措施。

（3）**识别**新风险，分析、跟踪和监测已有风险，确保全面识别风险，报告风险状态，并执行适当的风险应对计划。

（4）在整个项目期间，**维护**一个准确且及时更新的信息库，以反映项目产品及相关文件的情况。

（5）为状态报告、进展测量和**预测提供信息**。

（6）**做出预测**，以更新当前的成本与进度信息。

（7）**监督**已批准变更的实施情况。

（8）如果项目是项目集的一部分，还应向项目集管理层**报告项目进展和状态**。

13. 实施整体变更控制

（1）**输入**：工作绩效报告、变更请求、项目管理计划、组织过程资产、事业环境因素。

（2）**输出**：变更日志、**批准的变更请求**、项目文件更新、项目管理计划更新。

（3）**工具与技术**：会议、专家判断、变更控制工具。

14. 实施整体变更控制内容及作用

（1）是审查**所有变更请求**，**批准或否决变更**，管理对可交付成果、组织过程资产、项目文件和项目管理计划的变更，并对变更处理结果进行沟通的过程。

（2）主要作用是：从整合的角度考虑记录在案的项目变更，从而降低因未考虑变更对整个项目目标或计划的影响而产生的项目风险。

（3）实施整体变更控制过程**贯穿项目始终**，并且应用于项目的各个阶段，**项目经理对此负最终责任**。

（4）项目的**任何干系人都可以提出变更请求**。尽管可以口头提出，但所有变更请求都必须**以书面形式记录**，并纳入变更管理以及配置管理系统中。

（5）每项记录在案的变更请求都必须**由一位责任人批准或否决**，这个责任人通常是项目**发起人或项目经理**。

15. 实施整体变更控制过程中的部分配置管理活动

配置识别、配置状态记录、配置核实与审计。

16. 变更日志

用来记录项目过程中出现的变更。应该与相关的干系人沟通这些变更及其评估其对项目时间、成本和风险的影响，**未经批准的变更请求也应该记录在变更日志中**。

17. 项目变更控制委员会 CCB

（1）每项记录在案的变更请求**都必须由一位责任人批准或否决**，这个责任人通常是**项目发起人或项目经理**。必要时，应该由**变更控制委员会**（CCB）来决策是否实施整体变更控制过程。

（2）CCB 是一个**正式组成的团体**，负责审查、评价、批准、推迟或否决项目变更，以及记录和传达变更处理决定。在 CCB 批准之后，还**可能需要得到客户或发起人的批准**，除非他们本来就是 CCB 的成员。

（3）整体变更控制可以通过变更控制委员会和变更控制系统来完成，

但是，整体变更控制不只是变更控制委员会的事情，也是项目经理和项目团队的事情。

（4）变更控制委员会是由主要项目干系人的代表所组成的一个小组，项目经理是其中的一员，**但通常不是组长**。

（5）变更控制委员会负责审查变更请求，批准或否决这些变更请求，**对于可能影响项目目标的变更，必须经过变更控制委员会的批准才能实施**。

18．结束项目或阶段

（1）**输入**：验收的可交付成果、项目管理计划、组织过程资产。

（2）**输出**：**最终产品、服务或成果移交，组织过程资产更新**。

（3）**工具与技术**：专家判断、会议、PMIS、分析技术（回归分析、趋势分析、分组方法、因果分析、根本原因分析、预测方法、失效模式与影响分析、故障树分析、储备分析、挣值管理）。

19．结束项目或阶段内容及作用

（1）是完成并结束所有项目管理过程组的**所有活动**，以正式结束项目或项目阶段的过程。

（2）主要作用是：**总结经验教训，正式结束项目工作**，为开展新工作而释放组织资源。

（3）项目经理应该邀请**所有合适的干系人参与本过程**。

（4）结束项目或阶段过程中，还有一个**结束采购过程**，旨在进行合同收尾。合同收尾是指结束合同工作，进行采购审计，结束当事人之间的合同关系，并将有关资料收集归档。

20．验收的可交付成果

可能包括批准的产品规范、交货收据和工作绩效文件。在分阶段实施的项目或被取消的项目中，**可能会包括未全部完成的可交付成果或中间可交付成果**。

21．行政收尾

（1）**主要包括**：产品核实；财务收尾；更新项目记录；总结经验教训；进行组织过程资产更新；结束项目干系人在项目上的关系，解散项目团队。

（2）**项目行政收尾产生的结果**：对项目产品的正式接受、完整的项目档案、组织过程资产更新（经验教训总结）、资源释放（包括人力和非人力资源）。

22．行政收尾与合同收尾主要区别

（1）行政收尾是**针对项目和项目各阶段的**，不仅整个项目要进行一次行政收尾，而且**每个项目阶段结束时都要进行相应的行政收尾**；而合同**收尾是针对合同的**，每个合同需要而且只需要进行**一次合同收尾**。

（2）从整个项目说，**合同收尾发生在行政收尾之前**。

（3）从某一个合同角度说，合同收尾中又包括行政收尾工作（合同的行政收尾）。

（4）行政收尾要由**项目发起人或高级管理层**给项目经理签发项目阶段结束或项目整体结束的书面确认，而合同收尾则要由**负责采购管理成员**（可能是项目经理或其他人）向卖方签发合同结束的书面确认。

23．工作绩效数据

在执行项目工作的过程中，从每个正在执行的活动中收集到的**原始观察结果和测量值**。

24．工作绩效报告

为制定决策、采取行动或引起关注而汇编工作绩效信息所形成的**实物或电子项目文件**。

25．工作绩效信息

从各控制过程中收集并结合项目的相关背景和跨领域关系，进行整合分析而得到的绩效数据。绩效信息可包括**可交付成果的状态、变更请求的落实情况及预测的完工尚需估算等信息**。

26．项目管理信息系统

作为**事业环境因素**的一部分，包括工具：进度计划工具、工作授权系统、配置管理系统、信息收集与发布系统，或其他基于 IT 技术的工具。

27. 故障树分析（FTA）

采用逻辑的方法，形象地进行薄弱环节和风险等危险的分析工作，特点是直观、明了，思路清晰，逻辑性强，**可以做定性分析，也可以做定量分析**。

28. 趋势分析法

称趋势预测法，用于**检查项目绩效随时间的变化情况**，以确定绩效是在改善还是在恶化。具体包括**趋势平均法**、**指数平滑法**、**直线趋势法**、**非直线趋势法**。

29. 回归分析

确定**两种或两种以上变数间相互依赖的定量关系**的一种统计分析方法。

30. 根本原因分析

一项结构化的问题处理法，用以逐步找出问题的根本原因并加以解决，而不是仅仅关注问题的表征；是一个系统化的问题处理过程，包括确定和分析问题原因，找出问题解决办法，并制定问题预防措施。常见的根本原因工具：**因果图**、**头脑风暴法**、**因果分析（鱼骨图）**等。

第 7 章 项目范围管理

> 【章节说明】本章考试分值选择题 4 分左右，考试题型为选择题、案例题，理解记忆。

1. 项目范围管理（六大过程域）

编制范围管理计划（规划范围管理）、收集需求、定义范围、创建工作分解结构（WBS）、确认范围、控制范围。（力杨记忆：编制需求、定义创建、确认控制）

2. 编制范围管理计划

（1）输入：项目章程、项目管理计划、组织过程资产、事业环境因素。
（2）输出：范围管理计划、需求管理计划。
（3）工具与技术：专家判断、会议。（力杨记忆：规划万能输入，章程计划-组织事业）

3. 编制范围管理计划内容及作用

（1）范围管理计划是项目或项目集管理计划的组成部分，描述了如何定义、制定、监督、控制和确认项目范围。
（2）是制定项目管理计划过程和其他范围管理过程的主要依据。
（3）范围管理计划可能在项目管理计划之中，也可能作为单独的一项。根据不同的项目，可以是详细的或者概括的，可以是正式的或者非正式的。

4. 范围管理计划

（1）制定详细项目范围说明书。
（2）根据详细项目范围说明书创建 WBS。
（3）维护和批准工作分解结构(WBS)。
（4）正式验收已完成的项目可交付成果。

(5)处理对详细项目范围说明书或WBS的变更。

5．需求管理计划

(1)描述在整个项目生命周期内如何分析、记录和管理需求。

(2)如何规划、跟踪和汇报**各种需求活动**；**配置管理活动**；需求优先级排序过程；产品测量指标及使用这些指标的理由；用来反映哪些需求属性将被列入跟踪矩阵的跟踪结构；收集需求过程。

(3)**需求管理贯穿于整个过程，它的最基本的任务就是明确需求**，并使项目团队和用户达成共识，即建立需求基线。另外，还要建立需求跟踪能力联系链确保所有用户需求都被正确地应用，并且在需求发生变更时，能够完全地控制其影响范围，始终保持产品与需求的一致性。

6．收集需求

(1)输入：范围管理计划、需求管理计划、干系人管理计划、干系人登记册、项目章程。

(2)输出：需求文件、需求跟踪矩阵。

(3)工具与技术：访谈、焦点小组、引导式讨论会、**群体创新**（**头脑风暴、名义小组、概念/思维导图、亲和图、多标准决策分析**）、群体决策技术、问卷调查、观察、原型法、标杆对照、文件分析、系统交互图。

7．群体决策

为达成某种期望结果而对多个未来行动方案进行评估。群体决策技术可用来开发产品需求，以及对产品需求进行归类和优先排序。主要有：一致同意（基本全票通过）、大多数原则（50%以上过半数）、相对多数原则（50%以下不过半数）、独裁（一个人说了算）（力杨记忆：重点掌握）。

8．标杆对照

将实际或计划的做法与其他**类似组织**的做法进行比较，以便**识别最佳实践**，形成改进意见，并为绩效考核提供依据，标杆对照所采用的"类似组织"可以是内部组织，也可以是外部组织。

9. 定义范围

（1）**输入**：范围管理计划、项目章程、需求文件、组织过程资产。

（2）**输出**：**项目范围说明书**、项目文件更新。

（3）**工具与技术**：专家判断、产品分析、备选方案生成、引导式研讨会。

10. 定义范围内容及作用

（1）定义范围是制定项目和产品详细描述的过程。

（2）主要作用是：明确所收集的需求哪些将包含在项目范围内，哪些将排除在项目范围外，从而明确项目、服务或输出的边界。

（3）**需要多次反复开展定义范围过程。**

（4）定义范围最重要的任务就是详细定义项目的范围边界，**范围边界是应该做的工作和不需要进行工作的分界线。**

11. 项目范围说明书内容

项目目标、产品范围描述、项目需求、项目边界、项目的可交付成果、项目的制约因素、假设条件。

12. 创建 WBS

（1）**输入**：范围管理计划、项目范围说明书、需求文件、组织过程资产、事业环境因素。

（2）**输出**：**范围基准**、项目文件更新。

（3）**工具与技术**：专家判断、**分解**。

13. 创建 WBS 内容及作用

（1）创建工作分解结构是把项目可交付成果和项目工作**分解成较小的、更易于管理**的组件的过程。

（2）**工作分解结构（WBS）是项目管理的基础**，项目的所有规划和控制工作都必须基于工作分解结构。

（3）主要作用是：对所要交付的内容提供一个结构化的视图。

（4）WBS 是对项目团队为实现项目目标、创建可交付成果而需要实施的全部工作范围的**层级分解**。

（5）WBS组织并**定义了项目的总范围**，代表着经批准的当前项目范围说明书中所规定的工作。

（6）**里程碑：标志着某个可交付成果或者阶段的正式完成。重要的检查点是里程碑、重要的里程碑是基线。**WBS中的任务有明确的开始时间和结束时间，任务的结果可以和预期的结果相比较。

（7）**工作包：**是位于WBS**每条分支最底层**的可交付成果或项目工作组成部分，工作包的大小需要遵循8/80原则。

（8）**控制账户：**是一个**管理控制点**，每个控制账户可能包括一个或多个工作包，但是一个工作包只能属于一个控制账户。

（9）WBS词典：也称为WBS词汇表，它是描述WBS各组成部分的文件。在控制范围变更过程中，如果要评价变更的影响，由于WBS词典比WBS包含的信息更多，因此作用更大。

（10）WBS不是某个项目团队成员的责任，应该由**全体项目团队成员、用户和项目干系人共同完成和一致确认。**

（11）较常用的WBS表示形式主要有分级的**树型结构（组织结构图式）**——中小型项目、**表格形式（列表式）**——大型项目。（力杨记忆：必考知识点）

14．创建WBS分解过程主要活动

（1）**识别和分析**可交付成果及相关工作。

（2）**确定**WBS的**结构**和编排方法。

（3）**自上而下逐层细化分解。**

（4）为WBS组件制定和**分配标识编码。**

（5）**核实可交付成果分解**的程度是恰当的。（力杨记忆：注意排序）

15．创建WBS分解注意8个方面

（1）WBS**必须是面向可交付成果的。**

（2）WBS**必须符合项目的范围（**100%**）。**

（3）WBS的底层应该支持计划和控制。

（4）WBS中的元素必须有人负责，而且**只由一个人负责**，尽管实际上可能需要多个人参与。

（5）WBS 应控制在 3～6 层。

（6）WBS 应包括项目管理工作，也要**包括分包出去的工作**。

（7）WBS 的编制需要**所有项目干系人的参与**，需要项目团队成员的参与。

（8）WBS 并非是一成不变的，在完成了 WBS 之后的工作中，仍然有可能需要对 WBS 进行修改。（力杨记忆：高频考点）

16．确认范围

（1）**输入**：**需求文件、需求跟踪矩阵、核实的可交付成果**、项目管理计划、工作绩效数据、事业环境因素。（2）**输出**：**验收的可交付成果、变更请求、工作绩效信息、项目文件更新**。

（3）**工具与技术**：**检查**（审查、产品评审、审计、走查、巡检）、群体决策技术。

17．确认范围的内容和作用

（1）确认范围是正式验收已完成的项目可交付成果的过程。

（2）确认范围应该**贯穿项目的始终**，从 WBS 的确认或合同中具体分工界面的确认，到项目验收时范围的检验。

（3）确认范围过程应该**以书面文件的形式**把它完成情况记录下来。

（4）主要作用是：使验收过程具有客观性；同时通过验收每个可交付成果，提高最终产品、服务或成果获得验收的可能性。

18．确认范围一般步骤

（1）**确定**需要进行范围确认的**时间**。

（2）**识别**范围确认需要哪些**投入**。

（3）**确定**范围正式被接受的**标准和要素**。

（4）**确定**范围确认会议的**组织步骤**。

（5）**组织**范围确认**会议**。（力杨记忆：注意顺序）

19．确认范围与质量控制

（1）**确认范围**主要强调可交付成果**获得客户或发起人的接受**；**质量控制**强调**可交付成果的正确性**，并符合为其制定的具体质量要求(质量标准)。

（2）**质量控制**一般在确认范围前进行，也可同时进行；确认范围一般在阶段末尾进行,而质量控制并不一定在阶段末进行。

(3) **质量控制**属**内部检查**,由执行组织的相应质量部门实施;**确认范围**则是由**外部干系人(客户或发起人)**对项目可交付成果进行检查验收。

20. 确认范围与项目收尾

(1) 虽然确认范围与项目收尾工作都在阶段末进行,但确认范围强调的是核实与接受可交付成果,而项目收尾强调的是结束项目(或阶段)所要做的流程性工作。

(2) 确认范围与项目收尾都有验收工作,**确认范围**强调验收项目**可交付成果,项目收尾**强调**验收产品**。

21. 控制范围

(1) **输入**:需求文件、需求跟踪矩阵、项目管理计划、工作绩效数据、组织过程资产。

(2) **输出:变更请求、工作绩效信息、项目文件更新、项目管理计划更新、组织过程资产更新。**

(3) **工具与技术:偏差分析**。

22. 控制范围和内容和作用

(1) 是监督项目和产品的范围状态、管理范围基准变更的过程。

(2) 主要作用是:在整个项目期间保持对范围基准的维护。

23. 范围变更常见问题

项目范围蔓延、得不到投资人的批准(客户通常只能提出范围变化的要求,但却没有批准的权力。即使是项目经理也没有批准的权力。真正拥有这种权力的只有一个人 —— **项目投资人**)、项目小组未尽责任。

24. 控制范围与用户需求的关系

(1) 用户的需求变更**必须控制在可控范围之内**。需求基线定义了项目的范围。

(2) 随着项目的进展,用户的需求可能会发生变化,从而导致需求基线变化以及项目范围的变化。**每次需求变更并经过需求评审后,都要重**

新确定新的需求基线。

（3）项目组需要维护需求基线文档，**保存好各个版本的需求基线**，以备不时之需。随着项目的进展，**需求基线将越定越高，容许的需求变更将越来越少**。

（4）需求变更及项目范围变更一定要遵循**由变更控制委员会制定的变更控制流程**。

第8章 项目进度管理

【章节说明】本章考试分值选择题 4 分左右，考试题型为选择题、计算题，非常重要。

1. 项目进度管理（7大过程域）

规划进度管理、定义活动、排列活动顺序、估算活动资源、估算活动持续时间、制定进度计划、**控制**进度。（力杨记忆：规定活动排序、估算资源时间、制定计划控制）

2. 规划进度管理

（1）**输入**：项目**章程**、项目管理**计划**、组织过程资产、事业环境因素。
（2）**输出**：项目进度管理计划。
（3）**工具技术**：专家判断、分析技术、会议等。

3. 规划进度管理内容及作用

（1）**项目进度管理计划是项目管理计划的组成部分**，项目进度管理过程及其相关的工具技术应写入进度管理计划。
（2）**主要作用是**：如何在整个项目过程中管理、执行和控制项目进度提供指南和方向。
（3）根据项目需要，进度管理计划可以是**正式或非正式的**、**非常详细或高度概括的**。
（4）项目进度管理计划应**包括合适的控制临界值**，还可以规定如何报告和评估进度紧急情况。

4. 项目进度管理计划

项目进度模型制定、准确度、计量单位、组织程序衔接、项目进度模型维护、**控制临界值**、绩效测量规则、报告格式、过程描述。

5．定义活动

（1）输入：**范围基准**、进度管理计划、组织过程资产、事业环境因素。

（2）输出：**活动清单**、**活动属性**、**里程碑清单**。

（3）工具技术：专家判断、**分解**、**滚动式规划**、头脑风暴法等。

6．定义活动内容及作用

（1）范围管理中创建 WBS 过程已经识别出 WBS **中最底层的可交付成果，即工作包**。

（2）为了更好地规划项目，工作包通常还应进一步**细分为更小的组成部分，即活动**。

（3）活动：就是为完成工作包所需进行的工作，是实施项目时安排工作的**最基本的工作单元**。

（4）活动与工作包是 1 对 1 或多对 1 的关系，即有可能多个活动完成一个工作包。

（5）定义活动过程就是**识别和记录为完成项目可交付成果而需**采取**的所有活动**。

（6）主要作用是将工作包分解为活动，作为对项目工作进行估算、进度规划、执行、监督和控制的基础。

7．活动清单

一份包含项目所需的**全部活动的综合清单**。活动清单还**包括每个活动的标识及工作范围详述**，使项目团队成员知道需要完成什么工作（工作内容、目标、结果、负责人和日期）。每个活动都应该有一个**独特的名称**。

8．活动属性

是活动清单中的活动描述的扩展。与里程碑不同，**活动具有持续时间，活动需要在该持续时间内开展，而且还需要相应的资源和成本。活动属性随时间演进**。

9. 里程碑清单

项目中的**重要时点或事件**（某时刻：里程碑持续时间为零、不消耗资源也不消耗成本）。里程碑清单列出了所有项目里程碑。并指明**每个里程碑是强制性的**（如合同要求的）还是**选择性的**（如根据历史信息确定的）。里程碑清单为后期的项目控制提供了基础。

10. 滚动式规划

一种迭代式规划技术，即**近期**要完成的工作在工作分解结构**最下层详细规划**，而计划在**远期**完成的工作，在工作分解结构**较高层粗略规划**。是一种**渐进明细的规划方式**，项目团队得以**逐步完善规划**。

11. 排列活动顺序

（1）**输入**：活动清单、活动属性、里程碑清单、**项目范围说明书**、进度管理计划、事业环境因素。

（2）**输出**：项目进度网络图、项目文件更新（活动清单、活动属性、里程碑清单、风险登记册）。

（3）**工具技术**：确定依赖关系、前导图法、箭线图法、提前量与滞后量等。

12. 排列活动顺序内容及作用

（1）排列活动顺序是识别和记录项目活动之间的关系的过程。

（2）主要作用是：定义工作之间的逻辑顺序，以便在既定的所有项目制约因素下获得最高的效率。

（3）除了**首尾两项活动之外，每项活动和每个里程碑都至少有一项紧前活动和一项紧后活动**。

（4）排序可以由项目管理软件、手动或者自动化工具来完成。

13. 估算活动资源

（1）**输入**：活动清单、活动属性、**资源日历**、**风险登记册**、**活动成本估算**、进度管理计划、组织过程资产、事业环境因素。

（2）**输出**：活动资源需求、**资源分解结构**、项目文件更新（活动清单、活动属性、资源日历）。

（3）**工具技术**：专家判断、备选方案分析、发布的估算数据、自下而上估算、项目管理软件等。

14．估算活动资源内容及作用

（1）活动资源是**估算执行各项活动所需的材料、人员、设备或用品的种类和数量的过程**。

（2）主要作用是：明确完成活动所需的资源种类、数量和特性，以便做出更准确的成本和持续时间估算。（3）估算活动资源过程**与估算成本过程紧密相关**。

15．估算活动持续时间

（1）**输入**：进度管理计划、活动清单、活动属性、活动资源需求、资源日历、项目范围说明书、风险登记册、资源分解结构、组织过程资产、事业环境因素。

（2）**输出**：活动持续时间估算、项目文件更新。

（3）**工具技术**：专家判断、类比估算、参数估算、三点估算、群体决策技术、储备分析等。

16．估算活动持续时间内容及作用

（1）估算活动持续时间是**根据资源估算的结果，估算完成单项活动所需工作时段数的过程**。

（2）主要作用是：确定完成每个活动所需花费的时间量，为制订进度计划过程提供主要输入。

（3）估算活动持续时间依据的信息包括：活动工作范围、所需资源类型、估算的资源数量和资源日历。

（4）应该把活动持续时间估算所依据的**全部数据与假设都记录下来**。

17．制订进度计划

（1）**输入**：进度管理计划、活动清单、活动属性、项目进度网络图、活动资源需求、资源日历、项目范围说明书、风险登记册、活动持续时间估算、项目人员分派、资源分解结构、组织过程资产、事业环境因素。（2）**输出**：进度基准、进度数据、项目日历、项目进度计划、项目文件更新、项目管理计划更新。

（3）**工具技术：关键链法、进度压缩、关键路径法、资源优化技术、进度网络分析**、建模技术、提前量与滞后量、进度计划编制工具等。

18．制订进度计划内容及作用

（1）制定进度计划是**分析活动顺序、持续时间、资源需求和进度制约因素，创建项目进度模型的过程**。

（2）主要作用是：把活动、持续时间、资源、资源可用性和逻辑关系代入进度规划工具，从而形成包含各个项目活动的计划日期的进度模型。

（3）经批准的最终进度计划将作为基准用于控制进度过程。

（4）制订可行的项目进度计划，往往是**一个反复进行的过程**。

19．控制进度

（1）**输入：项目日历、进度数据、项目进度计划**、项目管理计划、工作绩效数据、组织过程资产。

（2）**输出：进度预测**、变更请求、工作绩效信息、项目文件更新、项目管理计划更新、组织过程资产更新。（3）**工具技术：绩效审查（趋势分析、关键路径法、关键链法、挣值管理）**、进度压缩、项目管理软件、资源优化技术、建模技术、提前量与滞后量、进度计划编制工具等。

20．控制进度内容及作用

（1）控制进度是**监督项目活动状态，更新项目进展，管理进度基准变更，以实现计划的过程**。

（2）主要作用是：提供发现计划偏离的方法，从而可以及时采取纠正和预防措施，以降低风险。

（3）进度基准的任何变更都必须经过实施整体变更控制过程的审批，控制进度是实施整体变更控制过程的一个组成部分。

（4）**有效项目进度控制的关键是监控项目的实际进度**，及时、定期地将它与计划进度基准进行比较，并立即采取必要的纠偏措施。项目进度控制必须与其他变化控制过程紧密结合，并且**贯穿于项目的始终**。

21．控制进度缩短活动工期方法

（1）**赶工**，投入更多的资源或增加工作时间，以缩短关键活动的工期。
（2）**快速跟进**，并行施工，以缩短关键路径的长度。
（3）使用**高素质的资源**或经验更丰富的人员。
（4）在业主客户许可的前提下，**减小活动范围或降低活动要求**。
（5）**改进方法或技术**，以提高生产效率。
（6）**加强质量管理**，及时发现问题**减少返工**，从而缩短工期。（力杨记忆：赶、快、搞、范、进、质）

22．Delphi 法（德尔菲法）

最流行的专家评估技术，**在没有历史数据的情况下**，这种方式适用于评定过去与将来，新技术与特定程序之间的差别。

23．类比估算法

适合评估一些与**历史项目**在应用领域，环境和复杂度等方面相似的项目，通过新项目与历史项目的比较得到规模估计。

24．参数估算法

一种基于**历史数据和项目参数**，使用某种算法来计算成本或工期的估算技术。参数估算的准确性取决于参数模型的成熟度和基础数据的可靠性。参数估算可以针对整个项目或项目中的某个部分，并可与其他估算方法联合使用。

25．储备分析

（1）**应急储备**是包含在进度基准中的一段持续时间，用来应对已经接受的已识别风险，以及已经制定应急或减轻措施的已识别风险。
（2）**应急储备**与"已知－未知"风险相关，需要加以合理估算，用于完成未知的工作量。应急储备可取活动持续时间估算值的某一百分比、某一固定的时间段，或者通过定量分析来确定。
（3）**管理储备**是为管理控制的目的而特别留出的项目时段，用来应对项目范围中不可预见的工作。**管理储备**用来应对会影响项目的"未知－未知"风险。

（4）管理储备不包括在进度基准中，但属于项目总持续时间的一部分。

26．确定依赖关系

强制性依赖关系、**选择性依赖关系**、**外部依赖关系**、**内部依赖关系**。

27．前导图法（PDM）

（1）**单代号网络图或活动节点图（AON）**，**每项活动有唯一的活动号**，每项活动都注明了预计工期。

（2）最早开始时间(ES)。

（3）最早结束时间(EF)。

（4）最迟结束时间(LF)。

（5）最迟开始时间(LS)。

（6）EF=ES+ 工期、LS=LF− 工期。

28．箭线图法（ADM）

（1）**双代号网络图或活动箭线图（AOA）**，**每一活动和每一事件都必须有唯一的一个代号**，即网络图中不会有相同的代号。

（2）任两项活动的紧前事件和紧后事件代号至少有一个不相同，**节点代号沿箭线方向越来越大**。

（3）流入(流出)同一节点的活动,均有共同的紧后活动(或紧前活动)。

（4）**虚活动不消耗时间，也不消耗资源**，只是为了弥补箭线图在表达活动依赖关系方面的不足。

29．提前量与滞后量

（1）提前量是相对于紧前活动，紧后活动可以**提前的时间量**。在进度规划软件中，提前量往往表示为**负数**。（2）滞后量是相对于紧前活动，紧后活动需要**推迟的时间量**。在进度规划软件中,滞后量往往表示为**正数**。

30．关键路径法（CPM）

（1）CPM 法的关键是计算总时差，这样可决定哪一活动有最小时间弹性。

（2）CPM 算法的核心思想是将工作分解结构(WBS)分解的活动按逻

辑关系加以整合，统筹计算出整个项目的工期和关键路径。

（3）通过**正向计算**（从第一个活动到最后一个活动）推算出最早完工时间、通过**反向计算**（从最后一个活动到第一个活动）来推算出最晚完工时间。

（4）**最早开始时间和最晚开始时间相等的活动称为关键活动，关键活动串联起来的路径成为关键路径**。

（5）**关键路径上的活动的总浮动时间和自由浮动时间都为 0**。

（6）进度网络图中可能有多条关键路径。关键路径是项目中时间最长的活动顺序、决定着可能的项目最短工期。"**总浮动时间**"：是指在不延误项目完工时间且不违反进度制约因素的前提下，活动可以从最早开始时间推迟或拖延的时间量，就是该活动的进度灵活性。其计算方法为：**本活动的最迟完成时间减去本活动的最早完成时间，或本活动的最迟开始时间减去本活动的最早开始时间**。"**自由浮动时间**"：是指在不延误任何紧后活动的最早开始时间但不违反进度制约因素的前提下，活动可以从最早开始时间推迟或拖延的时间量。其计算方法为：**紧后活动最早开始时间的最小值减去本活动的最早完成时间**。

31．关键链法（CCM）

（1）关键链法增加了作为"非工作活动"的持续时间缓冲，用来应对不确定性。

（2）项目缓冲放置是在关键链末端的缓冲，用来保证项目不因关键链的延误而延误。

（3）接驳缓冲放置在非关键链与关键链的接合点，用来保护关键链不受非关键链延误的影响。

32．进度压缩

（1）**赶工**：通过增加资源，以最小的成本增加来压缩进度工期的一种技术。只适用于那些通过增加资源就能缩短持续时间的，且位于关键路径上的活动。赶工并非总是切实可行，它可能导致风险和／或成本的增加。

（2）**快速跟进**：一种进度压缩技术，将正常情况下按顺序进行的活动或阶段改为至少是部分并行开展。只适用于能够通过并行活动来缩短项目工期的情况。快速跟进可能造成返工和风险增加。

33．计划评审技术 (PERT)

（1）计划评审技术又称为**三点估算技术**，其理论基础是假设项目持续时间，以及整个项目完成时间是随机的，且服从某种概率分布。

（2）PERT 可以估计整个项目在某个时间内完成的概率。

（3）乐观时间（何事情都顺利的情况下）、最可能时间（正常情况下）、悲观时间（最不利的情况下）。

34．自下而上估算

一种估算项目持续时间或成本的方法，通过从下到上逐层汇总 WBS **组件的估算而得到项目估算**。

35．资源优化技术

（1）**资源平衡**：为了在资源需求与资源供给之间取得平衡，根据资源制约对开始日期和结束日期进行调整的一种技术。**资源平衡往往导致关键路径改变，通常是延长**。

（2）**资源平滑**：对进度模型中的活动进行调整，从而使项目资源需求不超过预定的资源限制的一种技术。**资源平滑不会改变项目关键路径，完工日期也不会延迟**。资源平滑技术可能**无法实现所有资源的优化**。

第9章 项目成本管理

> 【章节说明】本章考试分值选择题4分左右,考试题型为选择题、计算题,非常重要。

1. 成本管理4个过程域

(1)制订成本管理计划。
(2)成本估算。
(3)成本预算。
(4)控制成本。(力杨记忆:制订估算、预算控制)

2. 制订成本管理计划

(1)**输入**:项目章程、项目管理计划、组织过程资产、事业环境因素。
(2)输出:成本管理计划。
(3)**工具技术**:专家判断、会议、分析技术等。(力杨记忆:章程计划、组织事业是规划阶段万能输入)

3. 制订成本管理计划内容及作用

(1)制订了项目成本结构、估算、预算和控制的标准。
(2)主要作用是:在整个项目中为如何管理项目成本提供指南和方向。
(3)成本管理计划是项目管理计划的组成部分(可以是正式的,也可以是非正式的,可以是非常详细的,也可以是概括性的),描述将如何规划、安排和控制项目成本。
(4)项目成本管理就是要确保**在批准的预算内完成项目**。
(5)制订成本管理计划的工作**在项目计划阶段的早期进行**。

4. 成本管理计划内容

精确等级、测量单位、组织程序衔接、**控制临界值**、**挣值规则**、报告格式、过程说明等。

5. 成本估算

(1) 输入：成本管理计划、人力资源管理计划、范围基准、项目进度计划、风险登记册、组织过程资产、事业环境因素。

(2) 输出：活动成本估算、估算依据、项目文件更新。

(3) 工具技术：专家判断、类比估算、参数估算、自下而上估算、储备分析、质量成本、项目管理软件、卖方投标分析、群体决策技术。

6. 成本估算内容及作用

(1) 是对完成项目活动所需资金进行近似估算的过程（大致成本）。

(2) 主要作用是：确定完成项目工作所需的成本数额。

(3) 成本估算是在某特定时点，根据已知信息所做出的成本预测。

(4) 活动成本估算是对完成项目工作可能需要的成本的量化估算。

(5) 成本估算可以是汇总的或详细分列的。

(6) 成本估算应该覆盖活动所使用的全部资源，包括（但不限于）直接人工、材料、设备、服务、设施、信息技术，以及一些特殊的成本种类，如融资成本（包括利息）、通货膨胀补贴、汇率或成本应急储备。

(7) 如果间接成本也包含在项目估算中，则可在活动层次或更高层次上计列间接成本。

(8) 项目初期估算范围 −50%~+100%；项目后期估算精度 −10%~+15%。

7. 成本预算

(1) 输入：范围基准、活动成本估算、估算依据、项目进度计划、资源日历、风险登记册、协议、成本管理计划、组织过程资产。

(2) 输出：成本基准、项目资金需求、项目文件更新。

(3) 工具技术：专家判断、成本汇总、历史关系、储备分析、资源平衡限制等。

8. 成本预算内容及作用

(1) 是汇总所有单个活动或工作包的估算成本，建立一个经批准的成本基准的过程。

（2）主要作用是：确定成本基准，可据此监督和控制项目绩效。

（3）项目预算包括经批准用于项目的全部资金，成本基准是经过批准且按时间段分配的项目预算，但不包括管理储备，只有通过正式的变更控制程序才能变更，用作与实际结果进行比较的依据。

（4）成本基准是不同进度活动经批准的预算的总和。

9．项目成本预算的特征

计划性、约束性、控制性。

10．编制项目成本估算三个主要步骤

（1）**识别**并**分析**成本的构成科目。

（2）根据已识别的项目成本构成科目，**估算每一科目的成本大小**。

（3）**分析**成本估算结果，找出各种可以相互替代的成本，协调各种成本之间的比例关系。（力杨记忆：排序题，识别－估算－分析）

11．编制成本预算遵循的四个原则

（1）项目成本预算要**以项目需求为基础**。

（2）项目成本预算要**与项目目标相联系，必须同时考虑项目质量和进度等目标**。

（3）项目成本预算要切实可行。

（4）项目成本预算应当留有弹性。

12．控制成本

（1）**输入：项目资金需求**、项目管理计划、工作绩效数据、组织过程资产。

（2）**输出：成本预测**、变更请求、工作绩效信息、项目文件更新、项目管理计划更新、组织过程资产更新。（3）**工具技术：**挣值管理、**预测、完工尚需绩效指数**、**储备分析**、绩效审查（偏差分析、趋势分析、挣值绩效）、项目管理软件。

13. 控制成本内容及作用

（1）是监督项目状态，以更新项目成本，管理成本基准变更的过程。

（2）主要作用是：发现实际与计划的差异，以便采取纠正措施，降低风险。

（3）**只有经过实施整体变更控制过程的批准，才可以增加预算。**

（4）有效成本控制的关键在于，**对经批准的成本基准及其变更进行管理**。

14. 储备分析

（1）**应急储备**："已知－未知"，用来应对已经接受的已识别风险，以及已经制定应急或减轻措施的已识别风险；是**包含在成本基准内的一部分预算**。

（2）**管理储备**："未知－未知"，为了管理控制的目的而特别留出的项目预算，用来应对项目范围中不可预见的工作；**管理储备不包括在成本基准中，但属于项目总预算和资金需求的一部分**；当动用管理储备资助不可预见的工作时，就要把动用的管理储备增加到成本基准中，从而导致成本基准变更。

15. 成本类型

可变成本、固定成本、**直接成本**、**间接成本**、机会成本、沉没成本。

（1）**直接成本**：直接可以归属于项目工作的成本为直接成本。如项目团队**差旅费**、**工资**，项目使用的**物料及设备使用费**等。

（2）**间接成本**：来自一般管理费用科目或几个项目共同担负的项目成本所分摊给本项目的费用，就形成了项目的间接成本，如**税金**、**额外福利**和**保卫费用**等。

（3）**沉没成本**：是一种**历史成本**，对现有决策而言是**不可控成本**，会很大程度上影响人们的行为方式与决策，**在投资决策时应排除沉没成本的干扰**。

（4）**机会成本**：泛指一切在做出选择后**其中一个最大的损失**。

（5）具体的成本一般包括**直接工时**、**其他直接费用**、**间接工时**、**其他间接费用以及采购价格**。项目全过程所耗用的各种成本的总和为项目成

本。(力杨记忆：重点区分直接成本、间接成本，项目产品全生命周期成本＝开发成本＋维护成本)

16．成本失控原因

对工程项目认识不足、组织制度不健全、方法问题、技术的制约、需求管理不当。

17．挣值管理（EVM）

（1）**计划价值（PV）：为计划工作分配的经批准的预算。不包括管理储备**。

（2）**挣值（EV）**：对已完成工作的测量值，用分配给该工作的预算来表示。

（3）**实际成本（AC）**：在给定时段内，执行某工作而实际发生的成本，是为完成与 EV 相对应的工作而发生的总成本。

18．偏差分析

（1）**进度偏差（SV=EV−PV）**：当 SV 为**正值**时，表示**进度超前**；当 SV 为**负值**时，表示**进度延期**。

（2）**成本偏差（CV=EV−AC）**：当 CV 为**正值**时，实际消耗人工（或费用）低于预算值，即**有结余或效率高**；当 CV 为**负值**时，表示**执行效果不佳**，即实际消耗人工（或费用）超过预算值，即**超支**；当 CV 为 0 时，表示实际消耗人工（或费用）等于预算值。

（3）**进度绩效指数（SPI=EV/PV）**：当 SPI>1 时，表示**进度超前**，即实际进度比计划进度快；当 SPI<1 时，表示**进度延误**，即实际成本比计划进度慢；当 SPI=1 时，表示实际进度等于计划进度。

（4）**成本绩效指数（CPI=EV/AC）**：当 CPI>1 时，则说明到目前为止**成本有结余**；当 CPI<1 时，说明已完成工作的**成本超支**；当 CPI=1 时，表示实际成本与挣值正好吻合。(力杨记忆：SV、CV 与 0 比较，SPI、CPI 与 1 比较，注意大于是好的方面、小于是差的方面)

19. 预测

（1）假设将按预算单价完成 ETC 工作：ETC=BAC−EV，EAC=AC+(BAC−EV)→非典型（**不会再发生偏差，及时更正**）。

（2）假设以当前CPI(一般情况小于1)完成ETC工作：ETC=(BAC-EV)/CPI，EAC=AC+（BAC-EV）/CPI=BAC/CPI→典型（继续发生偏差，死不悔改）。

（3）假设SPI与CPI将同时影响ETC工作：EAC=AC+ETC=AC+[(BAC-EV)/(CPI*SPI)]。(力杨记忆：必须区分典型、非典型)

20. 完工尚需绩效指数（TCPI）

（1）基于BAC的TCPI公式：TCPI=(BAC-EV) / (BAC-AC)。

（2）基于EAC的TCPI公式：TCPI=(BAC-EV) / (EAC-AC)。若TCPI>1，则很难完成；若TCPI=1，则正好完成；若TCPI<1，则很容易完成。

第10章 项目质量管理

【章节说明】本章考试分值选择题3分左右，考试题型为选择题、案例题，非常重要。

1. 质量管理3个过程域

（1）规划质量管理。
（2）实施质量保证。
（3）控制质量。（力杨记忆：规划实施、保证控制）

2. 规划质量管理

（1）输入：干系人登记册、风险登记册、需求文件、项目管理计划、组织过程资产、事业环境因素。
（2）输出：质量管理计划、过程改进计划、质量测量指标、质量核对单、项目文件更新。
（3）工具技术：质量成本、标杆对照、实验设计、统计抽样、成本效益分析、七种基本质量工具（老七工具）、力场分析、名义小组、头脑风暴、会议。

3. 规划质量管理内容及作用

（1）是识别项目及其可交付成果的质量要求和标准，并准备对策确保符合质量要求的过程。
（2）主要作用是：为整个项目中如何管理和确认质量提供了指南和方向。
（3）**质量管理计划是项目管理计划的组成部分**，描述如何实施组织的质量政策，以及项目管理团队准备如何达到项目的质量要求。
（4）质量管理计划**可以是正式，也可以是非正式的，可以是非常详细的，也可以是高度概括的。**

（5）过程改进计划是项目管理计划的子计划或组成部分。过程改进计划详细说明对项目管理过程和产品开发过程进行分析的各个步骤，以**识别增值活动**。需要考虑的方面包括：**过程边界、过程配置、过程测量指标、绩效改进目标**。

（6）质量测量指标：专用于描述项目或产品属性，以及控制质量过程将如何对属性进行测量，通过测量，得到实际测量值。**测量指标的可允许变动范围称为公差**。

（7）质量核对单：是一种结构化工具，通常具体列出各项内容，用来核实所要求的一系列步骤是否已得到执行。

4. 实施质量保证

（1）**输入**：质量管理计划、过程改进计划、质量测量指标、**质量控制测量结果、项目文件**、组织过程资产、事业环境因素。

（2）**输出**：变更请求、项目文件更新、项目管理计划更新、组织过程资产更新。

（3）**工具技术**：质量管理与控制工具（新七工具、老七工具）、**质量审计、过程分析**。

5. 实施质量保证内容及作用

（1）是审计质量要求和质量控制测量结果，确保采用合理的质量标准和操作性定义的过程。

（2）主要作用是：促进质量过程改进。

（3）实施质量保证是一个**执行过程**，使用规划质量管理和控制质量过程所产生的数据。

（4）质量保证工作属于质量成本框架中的**一致性工作**。

（5）通过**持续过程改进**，可以减少浪费，消除非增值活动，使各过程在更高的效率与效果水平上运行。

6. 控制质量

（1）**输入**：**质量测量指标、质量核对单、批准的变更请求、可交付成果、项目文件**、项目管理计划、工作绩效数据、组织过程资产。

（2）**输出：质量控制测量结果、确认的变更、核实的可交付成果、变更**

请求、工作绩效信息、项目文件更新、项目管理计划更新、组织过程资产更新。

（3）**工具技术**：七种基本质量工具（老七工具）、**统计抽样**、检查审批已批准的变更请求。

7．控制质量内容及作用

（1）是监督并记录质量活动执行结果，以便评估绩效，并推荐必要的变更过程。

（2）主要作用包括：①识别过程低效或产品质量低劣的原因，建议并采取相应措施消除这些原因；②确认项目的可交付成果及工作满足主要干系人的既定需求，足以进行最终验收。

（3）工作绩效数据包括：实际技术性能、实际进度绩效、实际成本绩效。

（4）**质量控制测量结果是对质量控制活动的结果的书面记录。**

8．标杆对照

将实际或计划的项目实践与**可比项目的实践进行对照**，以便识别最佳实践，形成改进意见，并为绩效考核提供依据。

9．实验设计（DOE）

一种**统计方法**，用来识别哪些因素会对正在生产的产品或正在开发的流程的特定变量产生影响。（**力场分析**：显示变更的**推力与阻力**的图形）

10．质量成本

（1）指在**产品生命周期中发生的所有成本**，包括为预防不符合要求、为评价产品或服务是否符合要求，以及因未达到要求而发生的所有成本。

（2）**一致性成本：预防成本**（培训、流程文档化、设备、选择正确的**做事时间**等生产合格产品发生的）、**评价成本**（测试、**破坏性测试导致的损失**、检查等评定质量发生的）。

（3）非一致性成本：内部失败成本（返工、废品等项目内部发现的）、外部失败成本（责任、保修、业务流失等客户发现的）。

11．质量审计

（1）又称质量保证体系审核，是对具体质量管理活动的结构性的评审。

（2）质量审计的目标是：**识别全部正在实施的良好及最佳实践**；**识别全部违规做法、差距及不足**；**分享**所在组织或行业中类似项目的良好实践；积极、主动地提供协助，以**改进过程的执行**，从而帮助团队提高生产效率；**强调**每次审计都应对组织经验教训的积累做出贡献。

（3）质量审计**可以是事先安排，也可随机进行**。

（4）质量审计可**由内部或外部审计师进行**。质量审计还可确认已批准的变更请求（包括**更新**、**纠正措施**、**缺陷补救**、**预防措施**）的实施情况。

12．过程分析

指按照过程改进计划中概括的步骤来识别所需的改进。它也要检查在过程运行期间遇到的问题、制约因素，以及**发现的非增值活动**。

13．老七工具

（1）因果图（**鱼骨图**、**石川图**）：问题放在鱼骨的头部，作为起点，用来追溯问题来源，回推到可行动的根本原因。

（2）流程图（过程图）：用来显示在一个或多个输入转化成一个或多个输出的过程中，所需要的步骤顺序和可能分支。

（3）核查表（计算表）：是用于收集数据的查对清单，用核查表收集的关于缺陷数据或后果的数据，又经常使用**帕累托图**来显示。

（4）**帕累托图：是一种特殊的垂直条形图，用于识别造成大多数问题的少数重要原因。**

（5）**直方图**：是一种特殊形式的条形图，用于描述集中趋势、分散程度和统计分布形状，**不考虑时间分布内的变化的影响。**

（6）控制图：用来确定一个过程是否稳定，或者是否具有预测的绩效，**与时间有关**。

（7）散点图（相关图）：画出一条回归线，来估算自变量的变化将如何影响因变量的值。（力杨记忆：因果流程、核查散点、直控帕累）。

14．新七工具

（1）亲和图（心智图）：针对某个问题，产生出可联成有组织的想法模式的各种创意。

（2）**过程决策程序图**（PDPC）：用于理解一个目标与达成此目标的

步骤之间的关系。

（3）关联图（关系图）：有助于在包含相互交叉逻辑关系的中等复杂情形中创新性地解决问题。

（4）树形图（系统图）：可用于表现诸如 WBS、RBS、OBS 的层次分解结构。

（5）**优先矩阵**：用来识别关键事项和合适的备选方案，并通过一系列决策，排列出备选方案的优先顺序。（6）**活动网络图**（**箭头图**）：AOA（活动箭线图）、AON（活动节点图）。

（7）矩阵图：使用矩阵结构对数据进行分析（力杨记忆：亲过关树、矩阵网络）。

15．质量方针

组织**内部**的行为准则，也体现了顾客的期望和对顾客作出的承诺。质量方针是总方针的一个组成部分，由**最高管理者**批准。

16．质量目标

指"在质量方面所追求的目的"，它是落实质量方针的具体要求，它从属于质量方针，应与利润目标、成本目标、进度目标等相协调。质量目标必须明确、具体，尽量用定量化的语言进行描述，保证质量目标容易被沟通和理解。

17．质量管理（TQM）

（1）质量管理是指确定质量方针、目标和职责，并通过质量体系中的**质量规划**、**质量保证**和**质量控制**以及**质量改进**来实现所有管理职能的全部活动。

（2）项目质量管理概论四个阶段：**手工艺人时代**、**质量检验**阶段（弗雷德里克•泰勒）、**统计质量**控制阶段（休哈特：六西格玛、统计过程控制 SPC；统计抽样检验：道奇和罗明；质量改进：戴明）、**全面质量管理**阶段（费根鲍姆和朱兰：全面质量管理 TQM；菲利普•克劳士比：零缺陷）。

18．项目质量

（1）**项目的工作质量**：从项目作为一次性的活动来看，项目质量体现在由 WBS 反映出的项目范围内**所有的阶段**、**子项目**、**项目工作单元**的质量所构成。

（2）**项目的产品质量：** 从项目作为一项最终产品来看，项目质量体现在其**性能或者使用价值上**。

（3）项目的质量是顾客的要求进行的，不同的顾客有着不同的质量要求，其意图已反映在**项目合同**中。因此，**项目合同**通常是进行项目质量管理的主要依据。

19．质量与等级的区别

（1）是两个**不同的概念**，质量作为实现的性能或成果，是一系列**内在特性**满足要求的程度；等级作为设计意图，是对用途相同但特性不同的可交付成果的级别分类。

（2）一个**低等级**（功能有限）、**高质量**（无明显缺陷，用户手册易读）的软件产品，**该产品适合一般使用，可以被认可**；一个**高等级**（功能繁多）、**低质量**（有许多缺陷，用户手册杂乱无章）的软件产品，该产品的功能会因质量低劣而无效和/或抵消，**不会被使用者接受**。

第11章 项目人力资源管理

> 【章节说明】本章考试分值选择题3分左右，考试题型为选择题、案例题，非常重要。

1. 人力资源管理4大过程域

（1）**编制**项目人力资源计划。
（2）**组建**项目团队。
（3）**建设**项目团队。
（4）**管理**项目团队。
（力杨记忆：编制组建、建设管理，注意组建、建设、管理项目团队均为执行过程组）

2. 编制项目人力资源计划

（1）**输入：活动资源需求**、项目管理计划、组织过程资产、事业环境因素。
（2）**输出：**人力资源管理计划。
（3）**工具技术：组织图和职位描述**、人际交往、组织理论、专家判断、会议等。（力杨记忆：主要记活动资源需求）

3. 编制项目人力资源计划内容及作用

（1）是识别和记录项目角色、职责、所需技能、报告关系，并编制人员配备管理计划的过程。
（2）主要收益是：建立项目角色与职责、项目组织图，以及包含人员招募和遣散时间表的人员配备管理计划。
（3）人际交往：是指在组织、行业或职业环境中与他人的**正式或非正式互动**。人际交往在**项目初始时特别有用**，并可在项目期间及项目结束后有效促进项目经理的职业发展。
（4）人力资源管理过程**不是独立存在的**，需要与项目其他过程交互，这些交互有时需要:对计划进行调整,以包括新增的工作。

(5)项目的组织结构图用图形表示项目汇报关系(组织管理关系)。它可以**是正式的或者非正式的**、**详尽的或者粗略的**描述。

(6)在项目的整个生命周期中进行**经常性复查**,以保证它的持续适用性,**如果最初的项目人力资源计划不再有效,就应当立即修正**。

(7)编制项目人力资源计划过程总是与**沟通计划编制过程**紧密联系,因为项目组织结构会对项目的沟通需求产生重要影响。

4. 项目人力资源管理计划

角色和职责的分配、**项目的组织结构图**、**人员配备管理计划**(人员招募、**资源日历**、人员遣散计划、培训需求、表彰和奖励、遵守的规定、安全性)。

5. 组织结构图

一般包括层次结构图、矩阵图(责任分配矩阵 RAM--RACI 图:反映员工个人与其承担工作之间**最直观的方法**)、文本格式、项目计划的其他部分。**层次结构图:工作分解**结构 WBS、**资源分解**结构 RBS、**组织分解**结构 OBS。

6. 资源日历

表明每种具体资源的可用工作日和工作班次的日历;明确了项目团队成员能够参加团队建设活动的时间段;用来确定项目进行的各个阶段到位的项目团队成员可以在项目上工作的时间。

7. 组建项目团队

(1)**输入:** 人力资源管理计划、组织过程资产、事业环境因素。

(2)**输出:项目人员分派**、**资源日历**、项目管理计划更新。

(3)**工具技术:事先分派**、谈判、招募、**虚拟团队**、多标准决策分析等。

8. 组建项目团队内容及作用

(1)组建项目团队包括获得**所需的人力资源**,将其分配到项目中工作。

(2)主要作用是:指导团队选择和职责分配,组建一个成功的团队。

（3）事先分派：可以预先将人员分派到项目中。

9．建设项目团队

（1）输入：人力资源管理计划、项目人员分派、资源日历。

（2）输出：**团队绩效评估、事业环境因素更新**。

（3）工具技术：人际关系技能、培训、团队建设活动、基本规则、集中办公、认可与奖励、人事测评工具等。

10．建设项目团队内容及作用

（1）提高项目相关人员的技能、改进团队写作、全面改进项目环境，其目标是提高项目的绩效。

（2）主要收益是：**改进团队协作，增强人际技能，激励团队成员，降低人员离职率，提升整体项目绩效**。（3）培训：**可以是正式或非正式的**。

（4）人事评测工具：能让项目经理和项目团队洞察成员的**优势和劣势**。

11．基本规则

用基本规则对项目团队成员的可接受行为做出明确规定。尽早制定并遵守明确的规则，有助于减少误解，提高生产力。规则一旦建立，**全体项目团队成员**都必须遵守。

12．团队建设活动

团队建设是一个**持续性过程**，对项目成功至关重要。

13．管理项目团队

（1）输入：人力资源管理计划、项目人员分派、团队绩效评估、**问题日志、工作绩效报告**、组织过程资产。（2）**输出：变更请求、项目文件更新、项目管理计划更新、事业环境因素更新、组织过程资产更新**。

（3）工具技术：观察和交谈、项目绩效评估、**冲突管理**、人际关系技能等。

14．管理项目团队内容及作用

（1）跟踪个人和团队的绩效，提供反馈，解决问题和协调变更，以提高项目的绩效。

（2）主要收益是：**影响团队行为，管理冲突，解决问题，并评估团队成员的绩效。**

15．团队效率评估指标

（1）**技能的改进**，从而使某个个人更高效地完成所分派的任务。

（2）**能力和情感方面的改进**，从而提高团队能力，帮助团队更好地共同工作。

（3）**团队成员流动率降低。**

（4）**增加团队的凝聚力。**

16．虚拟团队

（1）虚拟团队的使用为招募项目团队成员提供了新的可能性。虚拟团队可定义为具有共同目标、在完成角色任务的过程中很少或没有时间面对面工作的一群人。

（2）现代沟通技术（如电子邮件、电话会议等）使虚拟团队成为可行。

（3）在虚拟团队的环境中，**沟通规划变得尤为重要。**

17．团队发展阶段

优秀团队的建设**不是一蹴而就的**，一般要依次经历以下 5 个阶段（**形成→震荡→规范→发挥→结束**）。（力杨记忆：若有新成员加入从形成继续开始）

18．项目经理的 5 种权力

（1）**组织授权**：合法权力、**强制力**、奖励权力。

（2）（2）**管理者自身**：专家权力、**感召权力**。

19．冲突管理

（1）**冲突不可避免，冲突并不一定是有害的**，冲突经常导致项目产生不良结果，但如果管理得当，冲突也可以帮助团队找到更好的解决方案。

（2）**影响冲突解决方法的因素包括**：冲突的相对重要性与激烈程度；解决冲突的紧迫性；冲突各方的立场；永久或暂时解决冲突的动机。

（3）冲突是**自然的**，而且要找出一个解决办法。

（4）冲突是一个**团队问题**，而**不**是某人的个人问题。
（5）应**公开**地处理冲突（**冲突早期可以私下处理**）。
（6）冲突的解决应**聚焦在问题**，而**不**是人身攻击。
（7）冲突的解决应**聚焦在现在，**而不是过去。

20．冲突管理解决办法

（1）**问题解决**：就是冲突各方一起积极地定义问题、收集问题的信息、制定解决方案，最后直到**选择一个最合适的方案来解决冲突**，此时为双赢或多赢，但在这个过程中，需要**公开地协商，这是冲突管理中最理想的一种方法**。

（2）**合作**：集合多方的观点和意见，得出一个多数人接受和承诺的冲突解决方案。

（3）**强制**：就是以牺牲其他各方的观点为代价，强制采纳一方的观点，一般只适用于**赢－输这样的零－和游戏情景里**。

（4）**妥协**：就是冲突的各方协商并且寻找一种能够使冲突各方都有一定程度满意、但冲突各方没有任何一方完全满意、是一种都做一些让步的冲突解决方法。

（5）**求同存异**：就是冲突各方都关注他们一致的一面，而淡化不一致的一面，一般求同存异要求保持一种友好的气氛，但是回避了解决冲突的根源，也就是让大家都冷静下来，先把工作做完。

（6）**撤退**：就是把眼前的或潜在的冲突搁置起来，从冲突中撤退。（力杨记忆：必考高频考点）

21．冲突管理四个阶段

（1）**概念阶段**：项目优先级冲突、管理过程冲突、进度冲突。
（2）**计划阶段**：项目优先级冲突、进度冲突、管理过程冲突。
（3）**执行阶段**：进度冲突、**技术冲突**、资源冲突。
（4）**收尾阶段**：进度冲突、资源冲突、**个人冲突**。

22．马斯洛需求层次理论

（1）生理需要。
（2）安全需要。

（3）社会交往的需要。

（4）受尊重的需要。

（5）自我实现的需要。（力杨记忆：记住社会交往需求是第3层，上下分开看）

23．赫茨伯格双因素理论

（1）第一类是**保健因素**：当保健因素不健全时，人们就会对工作产生不满意感。

（2）第二类是**激励因素**：当激励因素缺乏时，人们就会缺乏进取心。

24．X 理论和 Y 理论

（1）**X 理论属于消极方面**：崇尚 X 理论的领导者认为，在领导工作中必须对员工采取强制、惩罚和解雇等手段，强迫员工努力工作，对员工应当严格监督、控制和管理。

（2）**Y 理论属于积极方面**：崇尚 Y 理论的管理者对员工采取以人为中心的、宽容的及放权的领导方式，使下属目标和组织目标很好地结合起来。（力杨记忆：非常重要，区分消极、积极）

25．项目管理团队

（1）是项目团队的**一部分 / 一个子集**，负责项目管理和领导活动，如各项目阶段的启动、规划、执行、监督、控制和收尾。（这一子集也可以称为**项目管理小组、核心小组、执行小组或领导小组**）。

（2）项目管理团队也称为**核心团队**或**领导团队**。

（3）对于**小型项目**，项目管理职责**可由整个团队分担，或者由项目经理独自承担。**

26．领导和管理

领导者：**设定目标**；管理者：**实现目标**。项目经理具有领导者和管理者的双重身份。典型的领导方式有**专断型、民主型、放任型**。有效的领导取决于**领导者自身、被领导者**与**领导过程所处的环境**。项目**早期团队建设、新员工采用专断型（独裁式、指导式）；团队成员熟悉后可以采取民主型或部分授权**。

27. 成功的项目团队的特点

（1）团队的**目标明确**，成员清楚自己的工作对目标的贡献。

（2）团队的组织结构清晰，**岗位明确**。

（3）有成文或习惯的工作流程和方法，而且**流程简明**有效。

（4）项目经理对团队成员有明确的**考核和评价标准**，工作结果公正公开、赏罚分明。

（5）共同制订并遵守的**组织纪律**。

（6）**协同工作**，也就是一个成员工作需要依赖于另一个成员的结果，善于总结和学习。（力杨记忆：目标岗位 – 流程考核 – 纪律协同）

第12章 项目沟通和干系人管理

【章节说明】本章考试分值选择题 2 分左右，考试题型为选择题、案例题，非常重要。

1．项目沟通管理 3 大过程域

（1）制订沟通管理计划。
（2）管理沟通。
（3）控制沟通。（力杨记忆：制订 – 管理 – 控制）

2．制订沟通管理计划

（1）**输入：干系人登记册**、项目管理计划、组织过程资产、事业环境因素。
（2）输出：项目文件更新、沟通管理计划。
（3）**工具技术：沟通需求分析、沟通技术、沟通模型、沟通方法、会议等。**

3．制订沟通管理计划内容及作用

（1）是根据干系人的信息需要和要求及组织的可用资产情况，制订合适的项目沟通方式和计划的过程。
（2）主要作用是：**识别和记录与干系人**的最有效率且最有效果的沟通方式。
（3）沟通管理计划也可包括**项目状态会议、项目团队会议、网络会议和电子邮件**等各方面的指导原则。
（4）针对具体项目的不同要求和项目可利用资源，沟通管理计划可**以多种方式存在，正式的或非正式的、详细的或简单概括的**、包含在项目总体管理计划内或者项目总体管理计划的从属部分等。
（5）干系人登记册内容：**主要沟通对象、关键影响人、次要沟通对象。**

4. 信息传递方法的选择

项目经理应选择**适合本项目**的信息传递方式（**并非固定渠道**）。例如，需要进行**两方以及两方以上的信息交换**的时候，可以采取**征询和讨论**的方式；需要进行**发布信息**的时候，可以采取**推销和叙述**的方式。

5. 管理沟通

（1）输入：**工作绩效报告**、沟通管理计划、组织过程资产、事业环境因素。

（2）输出：**项目沟通**、项目文件更新、项目管理计划更新、组织过程资产更新。

（3）工具技术：沟通技术、沟通模型、沟通方法、信息管理系统、**报告绩效**等。

6. 管理沟通内容及作用

（1）是根据沟通管理计划，生成、收集、分发、储存、检索及最终处置项目信息的过程。

（2）主要作用是：促进项目干系人之间实现有效率且有效果的沟通。

（3）进行沟通过程管理的**最终目标：就是保障干系人之间有效地沟通**，有效地沟通包括**效果和效率**两方面的内容。

7. 控制沟通

（1）输入：项目管理计划、**项目沟通**、**问题日志**、**工作绩效数据**、组织过程资产。

（2）输出：变更请求、工作绩效信息、项目文件更新、项目管理计划更新、组织过程资产更新。

（3）工具技术：专家判断、会议、信息管理系统等。

8. 控制沟通内容及作用

（1）是在整个项目生命周期中对沟通进行监督和控制的过程，以确保满足项目干系人对信息的需求。

（2）主要作用是：随时确保所有沟通参与者之间的信息流动的最优化。

（3）控制沟通过程可能引发重新开展规划沟通管理和/或管理沟通过程。**这种重复体现了项目沟通管理各过程的持续性质。**

9. 沟通需求分析

潜在的沟通渠道的总量为 n(n-1)/2，其中 n 代表干系人的数量。（力杨记忆：必考送分题）

10. 沟通方法

（1）**交互式沟通**：在两方或多方之间进行多向信息交换。包括**会议**、**电话**、**即时通信**、**视频会议**等。

（2）**推式沟通**：把信息发送给需要接收这些信息的特定接收方。包括**信件**、**备忘录**、**报告**、**电子邮件**、**传真**、**语音邮件**、**日志**、**新闻稿**等。

（3）**拉式沟通**：用于信息量很大或受众很多的情况。这种方法包括**企业内网**、**电子在线课程**、**经验教训数据库**、**知识库**等。

11. 沟通模型5要素

（1）**编码**：把思想或想法转化为他人能理解的语言。
（2）**信息和反馈信息**：编码过程所得到的结果。
（3）**媒介**：用来传递信息的方法。
（4）**噪声**：干扰信息传输和理解的一切因素。
（5）**解码**：把信息还原成有意义的思想或想法。

12. 沟通的方式

（1）**参与讨论方式**（头脑风暴）：**参与程度最强、控制程度最弱**。
（2）**征询方式**：调查问卷。
（3）**推销方式**（说明）：叙述解释。
（4）**叙述方式**（劝说鼓动）：**参与程度最弱、控制程度最强**。（力杨记忆：参与程度依次减弱、控制程度依次增强）

13. 项目干系人管理4大过程域

（1）**识别**干系人。
（2）**编制**项目干系人管理计划。
（3）**管理**干系人。
（4）**控制**干系人参与。（力杨记忆：识别编制、管理控制）

14. 识别干系人

（1）输入：项目章程、**采购文件**、环境因素、组织过程资产。

（2）输出：干系人登记册。

（3）工具技术：干系人分析、专家判断、会议等。

15. 识别干系人内容及作用

（1）是识别能影响项目决策、活动或结果的个人、群体或组织，以及被项目决策、活动或者结果影响的个人、群体或者组织，并分析和记录他们的相关信息的过程。

（2）项目干系人包括项目当事人和其利益受该项目影响（受益或受损）的个人和组织；也可以把他们称作项目的**利害关系者**。

（3）**在项目或者阶段的早期就识别干系人**，并分析他们的利益层次、个人期望、重要性和影响力对项目的成功非常重要。（力杨记忆：识别干系人贯穿于项目始终）

16. 编制干系人管理计划

（1）**输入：**项目管理计划、**干系人登记册**、组织过程资产、事业环境因素。

（2）输出：**干系人管理计划**、项目文件更新。

（3）**工具技术：**专家判断、分析技术、会议等。

17. 编制干系人管理计划内容及作用

（1）是基于干系人的需求、利益及对项目成功的潜在影响的分析，制定合适的管理策略，以有效调动干系人参与整个项目生命周期的过程。

（2）此过程为项目干系人的互动提供清晰且可操作的计划，以支持项目利益。

（3）规划干系人管理是一个**反复过程**，应由**项目经理定期开展**。

18. 管理干系人参与

（1）输入：干系人管理计划、**沟通管理计划**、**变更日志**、组织过程资产。

（2）**输出：问题日志**、变更请求、项目文件更新、项目管理计划更新、组织过程资产更新。

（3）**工具技术**：沟通方法、人际关系技能、管理技能等（力杨记忆：注意区分变更日志、问题日志）

19. 管理干系人参与内容及作用

（1）是在整个项目生命周期中，与干系人进行沟通和协作，以满足他的需求与期望，解决实际出现的问题，并促进干系人合理参与项目活动的过程。

（2）此过程的作用是：帮助项目经理提升来自干系人的支持，并把干系人的抵制降到最低，从而显著提高项目成功的机会。

20. 管理干系人参与包括以下活动

（1）调动干系人适时参与项目，以获得或确认他们对项目成功的持续承诺。（2）通过协商和沟通管理干系人的期望，确保项目目标实现。

（2）处理尚未成为问题的干系人关注点，预测干系人未来可能提出的问题。需尽早识别和讨论这些关注点，以便评估相关的项目风险。

（3）澄清和解决已经识别出的问题。

21. 控制干系人参与

（1）**输入**：问题日志、项目管理计划、工作绩效数据、项目文件。

（2）**输出**：变更请求、工作绩效信息、项目文件更新、项目管理计划更新、组织过程资产更新。

（3）**工具技术**：项目信息管理系统、专家判断、会议。

22. 控制干系人参与内容及作用

（1）是全面监督项目干系人之间的关系，调整策略和计划，以调动干系人参与的过程。

（2）主要作用是：随着项目进展和环境变化，维持并提升干系人参与活动的效率和效果。

23. 干系人分析的步骤

（1）**识别**干系人及其相关信息。

（2）**分析**干系人可能的影响并把他们分类和排序。

（3）**评估**干系人对不同情况可能做出的反应，以便制定相应策略对他们施加正面影响。

24. 干系人分类模型

（1）**权力/利益方格**：根据干系人的职权大小和对项目结果的关注（利益）程度进行分类。

（2）**权力/影响方格**：干系人的职权大小以及主动参与（影响）项目的程度进行分类。

（3）**影响/作用方格**：干系人主动参与（影响）项目的程度及改变项目计划或者执行的能力进行分类。

（4）**凸显模型**：根据干系人的权力（施加自己意愿的能力）、紧迫程度和合法性对干系人进行分类。（力杨记忆：权力/利益方格：权力大利益高的应"重点管理、及时报告"、权力大利益低的应"令其满意"、权力小利益高的应"随时告知"；权力小利益低的应"花最少的时间监督"）

25. 分析技术

干系人的参与程度分为**不了解、抵制、中立、支持、领导**。

第13章 项目合同管理

> 【章节说明】本章考试分值选择题2分左右，考试题型为选择题、案例题，非常重要。

1. 合同按项目范围划分

（1）**项目总承包合同**："交钥匙合同"，发包人把信息系统工程建设从开始立项、论证、设计、采购、施工到竣工的**全部任务**，一并发包给一个具有资质的承包人。有利于发挥承包人的专业优势，保证项目的质量和进度，提高投资效益。采用这种方式，买方只需与一个卖方沟通，容易管理与协调。

（2）**项目单项承包合同**：发包人将信息系统工程建设的不同工作任务，分别发包给不同的承包人。有利于吸引更多的承包人参与投标竞争，使发包人有更大的选择余地，有利于发包人对建设工程的各个环节实施直接的监督管理，**适用于对那些工程建设有较强管理能力的发包人**。

（3）**项目分包合同**：总承包单位将其承包的部分项目，再发包给子承包单位。**买方既可以要求卖方承担责任，也可以直接要求分包方承担责任。**（力杨记忆：三角关系）

2. 订立项目分包合同必须同时满足5个条件

（1）经过买方认可。
（2）分包的部分必须是项目非主体工作。
（3）只能分包部分项目，而**不能转包整个项目**。
（4）分包方必须具备相应的资质条件。
（5）分包方**不能再次分包**。

3. 合同按付款方式划分

（1）总价合同：固定价格合同，特点是：**承包人有成本超支风险**，发包人能够控制总价，发包人风险低。适用于**工程量不太大且能精确计算、工期较短、技术不太复杂、风险不大**的项目。同时要求发包人必须具备详细全面的设计图纸和各项说明，使承包人能准确计算工程量。①**固定总价合同**：总包合同，买方必须准确规定所采购的产品或服务，特点是：范围确定。适用于：工程量小、工期短（1年以内）、环境因素变化小、工程条件稳定并合理；工程设计详细，图纸完整、清楚，工程任务和范围明确；工程结构和技术简单，风险小；投标期相对宽裕；目标和验收标准明确。②**总价加激励费用合同**：为买方和卖方都提供了一定的灵活性，**允许有一定的绩效偏离**，并对实现既定目标给予财务奖励。③**总价加经济价格调整合同**：如果卖方履约要跨越**相当长的周期**（2年以上），就应该使用总价加经济价格调整合同。

（2）成本补偿合同：由发包人向承包人支付为完成工作而发生的全部合法实际成本（可报销成本），并且事先约定的某一种方式外加一笔费用作为卖方的利润。特点是：**承包人无风险、因此报酬往往较低；发包人对工程造价不易控制，发包人有成本超支风险**。适用于**需要立即开展工作的项目、对项目内容及技术经济指标未确定的项目、风险大的项目**；适用于**工作范围在开始时无法准确定义、需要在后续调整且风险高的项目**。①**成本加固定费用合同**：为卖方报销履行合同工作所发生的一切合法成本（即成本实报实销），并向卖方支付**一笔固定费用作为利润**，该费用以项目初始估算成本的某一百分比计算。②**成本加激励费用合同**：为卖方报销履行合同工作所发生的一切合法成本（即成本实报实销），并在卖方**达到合同规定的绩效目标时**，向卖方支付**预先确定的激励费用**。③**成本加奖励费用合同**：为卖方报销履行合同工作所发生的一切合法成本，买方再凭自己的**主观感觉给卖方支付一笔利润**，完全由买方根据自己对卖方绩效的主观判断来决定奖励费用，并且**卖方通常无权申诉**。（力杨记忆：必考高频考点）

4．工料合同

兼具成本补偿合同和总价合同的某些特点的混合型合同。适用于在**不能很快编写出准确工作说明书的情况下**，经常使用工料合同来增加人员、聘请专家和寻求其他外部支持；**适用范围比较宽，其风险可以得到合理的分摊**，并且能鼓励承包人通过提高工效等手段从成本节约中提高利润；合同履行中需要注意**双方对工作量的确定**。

5. 合同管理过程

合同**签订**管理、合同**履行**管理、合同**变更**管理、合同**档案**管理、合同**违约索赔**管理。(力杨记忆：重点掌握合同变更管理、索赔管理)

6. 合同索赔

索赔是双向的，建设单位和承建单位都可以提出索赔要求。

（1）按索赔的目的分类：工期索赔（**针对买方**）、费用索赔（**买方和卖方均涉及**）。

（2）按索赔的业务性质分类：工程索赔（**一般发生频率高，索赔费用大**）、商务索赔。

（3）按索赔的处理方式分类：单项索赔、总索赔。

7. 合同索赔流程

提出索赔要求→报送索赔资料→监理工程师答复→索赔认可→关于持续索赔→仲裁与诉讼。（28 天内）

8. 有效合同原则具备特点

（1）签订合同的当事人应当具有相应的民事权利能力和民事行为能力。

（2）意思表示真实。

（3）不违反法律或社会公共利益。

9. 无效合同类型

（1）一方以欺诈、胁迫的手段订立合同。

（2）恶意串通，损害国家、集体或者第三人利益。

（3）以合法形式掩盖非法目的。

（4）损害社会公共利益。（5）违反法律、行政法规的强制性规定。

10. 违约责任

（1）继续履行。

（2）采取补救措施。

（3）赔偿损失。

（4）支付约定违约金或定金。

11．合同谈判

准备阶段、开局摸底阶段、报价阶段、磋商阶段、成交阶段、认可阶段。

12．合同索赔和争议一般流程

谈判（协商）→调解→仲裁→诉讼

13．合同变更

（1）变更的**提出**。
（2）变更请求的**审查**。
（3）变更的**批准**。
（4）变更的**实施**。

14．"公平合理"是合同变更的处理原则，变更合同价款按下列方法进行

（1）首先确定合同变更量清单，然后确定变更价款。
（2）合同中已有适用于项目变更的价格，按合同已有的价格变更合同价款。
（3）合同中只有类似于项目变更的价格，可以参照类似价格变更合同价款。
（4）合同中没有适用或类似项目变更的价格，由承包人提出适当的变更价格，经监理工程师和业主确认后执行。（力杨记忆：必考题，非常重要）

第 14 章 项目采购管理

> 【章节说明】本章考试分值选择题 2 分左右,考试题型为选择题、案例题,非常重要。

1. 项目采购管理 4 大过程域

(1)编制采购管理计划。
(2)实施采购。
(3)控制采购。
(4)结束采购。(力杨记忆:编制实施、控制结束)

2. 编制采购管理计划

(1)输入:需求文档、风险登记册、活动资源要求、项目进度、活动成本估算、干系人登记册、项目管理计划、组织过程资产、事业环境因素。

(2)输出:采购管理计划、采购工作说明书、采购文件、供方选择标准、自制/外购决策、变更申请、可能的项目文件更新。

(3)工具技术:自制或外购分析、专家判断、市场调研、会议。

3. "自制/外购"决策

决定项目的哪些产品、服务或成果需要外购,哪些自制更为合适。
(1)如果决定自制,那么可能要在采购计划中规定组织内部的流程和协议。
(2)如果决定外购,那么要在采购计划中规定与产品或服务供应商签订协议的流程。

4. "自制/外购"分析

(1)在进行"自制/外购"分析时,有时项目的执行组织可能有能力自制,但是可能与其他项目有冲突或自制成本明显高于外购,在这些情况下项目需要从外部采购,以兑现进度承诺。

（2）任何预算限制都可能是影响"自制/外购"决定的因素。如果决定购买，还要进一步决定**是购买还是租借**，"自制/外购"分析由该**考虑所有相关的成本**，无论是直接成本还是间接成本。

（3）在进行"自制/外购"过程中也要确定合同的类型，以决定买卖双方如何分担风险，而双方各自承担的风险程度，则取决于具体的合同条款。**保密项目有能力自制地进行自制。**

5．工作说明书（SOW）

对项目所要提供的产品、成果或服务的描述。工作说明书与项目范围说明书的区别。

（1）**工作说明书是对项目所要提供的产品或服务的叙述性的描述。**

（2）（2）项目范围说明书则通过明确项目应该完成的工作来确定项目的范围。（力杨记忆：注意概念）

6．实施采购

（1）**输入**：采购文件、采购管理计划、采购工作说明书、供方选择标准、自制/外购决策、**项目文件、卖方建议书**、组织过程资产。

（2）输出：选中的卖方、**合同**、**资源日历**、变更请求、项目管理计划更新。

（3）工具技术：投标人分析、建议书评价、**独立估算**、专家判断、广告、分析技术、**采购谈判**。

7．采购谈判

以买卖双方签署文件（如合同、协议）为结束标志。项目经理可以不是合同的主谈人。在合同谈判期间，**项目管理团队可列席，并在需要时**，就项目的技术、质量和管理要求进行澄清。

8．独立估算

对于很多采购事项，采购组织能够对其成本进行独立的估算以检查卖方建议书中的报价。如果报价与估算成本有很大差异，则可能表明合同工作说明书不适当、或者潜在卖方误解或没能完全理解和答复工作说明书、或者市场已经发生了变化。**独立估算常被称为"合理费用"估算。**

9. 投标

（1）投标人应当在招标文件要求提交投标文件的**截止时间前**，将投标文件送达投标地点。

（2）投标人应当按照招标文件的要求编制投标文件。投标文件应当对招标文件提出的实质性要求和条件做出**实质性响应**。

（3）投标人根据招标文件载明的项目实际情况，拟在中标后将中标项目的**部分非主体**、**非关键性工作**进行**分包**的，应当在投标文件中载明。

（4）投标人在招标文件要求提交投标文件的截止时间前，可以补充、修改或者撤回已提交的投标文件，**并书面通知招标人**。

10. 招投标程序

发标（公开招标、邀请招标）；招标人根据招标项目的具体情况，可以组织潜在投标人踏**勘**项目现场；投标人**投标**；**开标**；**评标**；确定**中标人**；订立合同。

11. 控制采购

（1）**输入**：采购文件、合同、**批准的变更请求**、**工作绩效报告**、项目管理计划、工作绩效数据。

（2）**输出**：变更请求、工作绩效信息、项目文件更新、项目管理计划更新、组织过程资产更新。

（3）**工具技术**：报告绩效、支付系统、**索赔管理**、检查与审计、**记录管理系统**、采购绩效评审、**合同变更控制系统**。

12. 采购绩效审查

是一种**系统的**、**结构化**的审查，既包括对**卖方所编文件的审查**，也包括买方开展的检查，以及**在卖方实施工作期间进行的质量审计**。

13. 控制采购内容

（1）是管理采购关系、监督合同执行情况，并根据需要实施变更和采取纠正措施的过程。

（2）买卖双方的任何一方都需要确保对方能正常履约，这样他们的合法权利就能得到维护,这就需要对合同的执行进行管理。

(3)**控制采购过程是买卖双方都需要的**。该过程确保卖方的执行符合合同需求,确保买方可以按合同条款去执行。

(4)在合同收尾前,经双方共同协商,可以根据协议中的变更控制条款,及时对协议进行修改。这种修改通常都要**书面记录**下来。

14. 结束采购

(1)**输入**:项目管理计划、**采购文件**。
(2)**输出**:**结束的采购**、组织过程资产更新。
(3)**工具技术**:采购审计、采购谈判、记录管理系统。

15. 结束采购内容

(1)是完结本次项目采购的过程,完成并结算合同,包括**解决任何未解决的问题**。

(2)完成每一次项目采购,都需要结束采购过程。它是**项目收尾或者阶段收尾过程的一部分**,它把合同和相关文件归档以备将来参考,因为项目收尾或者阶段收尾过程已核实本阶段或本项目**所有工作和项目可交付物是否是可接受的**。

16. 采购

(1)是从项目团队外部获得**产品**、**服务**或**成果**的完整的购买过程。

(2)IT项目采购的对象一般分为**工程**、**产品/货物**和**服务**三大类,有时工程或服务会以项目的形式通过招投标程序实施采购。

(3)采购必须要满足**技术与质量要求**,同时应满足经济性或价格合理的要求。

(4)在不同的应用领域,合同也可被称为**协议**、**规定**、**分包合同**或**采购订单**。

17. 索赔管理

(1)有争议的变更也称为索赔、争议或诉求。
(2)谈判是解决所有索赔和争议的首选方法。

18. 常见的采购文件

方案邀请书（RFP）、**报价**邀请书（RFQ）、**征求供应商意见书**（RFI）、**投标**邀请书（IFB）、**招标通知**、洽谈邀请以及承包商初始建议征求书。

第15章 信息文档和配置管理

> 【章节说明】本章考试分值选择题2分左右,考试题型为选择题、案例需要掌握。

1. 信息文档分类

(1)**开发文档**:可行性研究报告和项目任务书、需求规格说明、功能规格说明、设计规格说明(包括程序和数据规格说明)、开发计划、软件集成及测试计划、**质量保证计划**、安全和测试信息。

(2)**产品文档**:培训手册、参考手册和用户指南、软件支持手册、产品手册和信息广告。

(3)**管理文档**:开发过程的每个阶段的进度和进度变更的记录、软件变更情况的记录、开发团队的职责定义、项目计划、项目阶段报告、**配置管理计划**。

2. 信息文档质量分类

(1)**最低限度文档**(1级文档):适合开发工作量低于一个人月的开发者自用程序。该文档应包含**程序清单**、开发记录、测试数据和程序简介。

(2)**内部文档**(2级文档):可用于**没有与其他用户共享资源的专用程序**。除1级文档提供的信息外,2级文档还包括程序清单内**足够的注释以帮助用户安装和使用程序**。

(3)**工作文档**(3级文档):适合于由**同一单位内若干人联合开发的程序**,或可被其他单位使用的程序。

(4)**正式文档**(4级文档):适合那些要**正式发行供普遍使用的软件产品**。**关键性程序**或具有重复管理应用性质的程序需要4级文档。

3. 信息系统文档管理规范化管理

文档书写规范、图表编号规则、文档目录编写标准、文档管理制度。

4. 配置管理 6 项活动

制定配置管理**计划**、配置**标识**、配置**控制**、配置状态**报告**、配置**审计**、发布管理和**状态**。（力杨记忆：重要需掌握）

5. 典型配置项内容

包括**项目计划书**、**需求文档**、**设计文档**、**源代码**、**可执行代码**、**测试用例**、**运行软件所需的各种数据**，它们经评审和检查通过后进入配置管理。所有配置项的操作权限应由 CMO（配置管理员）严格管理。

6. 配置项分类

（1）基线配置项：向**开发人员**开放读取的权限。
（2）非基线配置项：向 PM、CCB 及相关人员开放。

7. 配置项的状态

可分为"**草稿**""**正式**"和"**修改**"三种。配置项刚建立时，其状态为"草稿"（0.YZ，YZ 的数字范围为 01～99），配置项通过评审后，其状态变为"正式"（X.Y，X **为主版本号，取值范围为 1～9。Y 为此版本号，取值范围为 0～9**）。此后若更改配置项，则其状态变为"修改"（版本号格式为 X.YZ）。当配置项修改完毕并重新通过评审时，其状态又变为"正式"。

8. 基线

（1）通常对应于开发过程中的里程碑（Milestone），**一个产品可以有多个基线，也可以只有一个基线**。（2）交付给外部顾客的基线一般称为发行基线（Release），内部开发使用的基线一般称为构造基线（Build）。（3）对于每一个基线，要定义下列内容：**建立基线的事件**、**受控的配置项**、**建立和变更基线的程序**、**批准变更基线所需的权限**。在项目实施过程中，**每个基线都要纳入配置控制，对这些基线的更新只能采用正式的变更控制程序**。

9. 配置库

存放配置项并记录与配置项相关的**所有信息**，是配置管理的有力工具，利用库中的信息可回答许多配置管理的问题。

（1）**开发库**：**动态库、程序员库或工作库**，用于保存开发人员当前正在开发的配置实体。动态库是**开发人员的个人工作区，由开发人员自行控制**。

（2）**受控库**：主库，包含当前的基线加上对基线的变更。**在信息系统开发的某个阶段工作结束时，将当前的工作产品存入受控库**。

（3）**产品库**：**静态库、发行库、软件仓库**，包含已发布使用的各种基线的存档。在开发的信息系统产品完成系统测试之后，作为最终产品存入产品库内，等待交付用户或现场安装。配置库的建库模式有两种：**按配置项类型建库**和**按任务建库**。

10. 配置控制委员会（CCB）

负责对配置变更做出评估、审批以及监督已批准变更的实施。

（1）CCB 建立在**项目级**，其成员可以包括项目经理、用户代表、产品经理、开发工程师、测试工程师、质量控制人员、配置管理员等。

（2）CCB **不必是常设机构**，完全可以根据工作的需要组成，例如按变更内容和变更请求的不同，组成不同的 CCB。小的项目 CCB 可以**只有一个人，甚至只是兼职人员**。通常，CCB 不只是控制配置变更，而是负有更多的配置管理任务，例如：**配置管理计划审批、基线设立审批、产品发布审批**等。

（3）**配置管理员**（CMO）负责在整个项目生命周期中进行配置管理活动。（力杨记忆：重要）

11. 配置标识

是配置管理员的职能。

（1）**识别**需要受控的配置项。

（2）为每个配置项**指定唯一性的标识号**。

（3）**定义**每个配置项的重要特征。

（4）**确定**每个配置项的**所有者及其责任**。

（5）**确定**配置项进入配置管理的**时间和条件**。

（6）**建立和控制基线**。

（7）**维护**文档和组件的修订与产品版本之间的关系。

12. 配置状态报告

（1）配置状态统计，其任务是有效地记录和报告管理配置所需要的信息，目的是及时准确地给出配置项的当前状况，供相关人员了解，以加强配置管理工作。

（2）配置状态报告应着重反映当前基线配置项的状态，以向管理者报告系统开发活动的进展情况。配置状态报告**应定期进行**，并尽量通过CASE **工具**自动生成，用数据库中的客观数据来真实地反映各配置项的情况。

13. 配置审计

（1）配置审核或配置评价，包括**功能配置审计**和**物理配置审计**，分别用以验证当前配置项的**一致性**和**完整性**。

（2）配置审计的实施是为了确保项目配置管理的有效性，体现了配置管理的最根本要求 – **不允许出现任何混乱现象**。

（3）功能配置审计验证内容：配置项的开发已圆满完成；配置项已达到配置标识中规定的性能和功能特征；配置项的操作和支持文档已完成并且是符合要求的。

（4）物理配置审计验证内容：要交付的配置项是否存在；配置项中是否包含了所有必需的项目。（力杨记忆：功能一致、物理完整）

14. 发布管理和交付活动

（1）主要任务是有效控制软件产品和文档的发行和交付，在软件产品的生存期内妥善保存代码和文档的母拷贝。

（2）主要包括**存储**、**复制**、**打包**、**交付**、**重建**。

第 16 章　项目变更管理

> 【章节说明】本章考试分值选择题 1 分左右，考试题型为选择题、案例题。

1．项目变更管理

（1）项目变更管理，是指在信息系统工程建设项目的实施过程中，由于项目环境或者其他的原因而对项目的功能、性能、架构、技术指标、集成方法、项目进度等方面做出的改变。

（2）变更管理的实质，是根据项目推进过程中越来越丰富的项目认知，不断调整项目努力方向和资源配置，最大程度地满足项目需求，提升项目价值。

2．变更的常见原因

产品范围（成果）定义的过失或者疏忽、项目范围（工作）定义的过失或者疏忽、增值变更、应对风险的紧急计划或回避计划、项目执行过程与基准要求不一致带来的被动调整、外部事件。

3．变更分类

（1）**根据变更性质分类**：重大变更、重要变更、一般变更，可通过不同审批权限控制。

（2）**根据紧迫性分类**：紧急变更、非紧急变更，可通过不同的变更处理流程进行控制。

4．变更管理原则及内容

（1）原则是**建立项目基准、变更流程和变更控制委员会**。

（2）内容：①**基准管理**：基准是变更的依据。在项目实施过程中，基准计划确定并经过评审后 (通常用户应参与部分评审工作)，建立初始基准。此后**每次变更通过评审后，都应重新确定基准**。②**变更控制流程化**：建立或选用符合项目需要的变更管理流程，**所有变更都必须遵循这个控制流程进行控制**。流程化的作用在于将变更的原因、专业能力、资源运用方案、决策权、干系人的共识、信息流转等元素有效综合起来，技科学地顺序进行。③**明确组织分工（建立变更控制委员会）**：至少应明确变更相关工作的评估、评审、执行的职能。④**评估变更的可能影响**：变更的来源是多样的，既需要完成对客户可视的成果、交付期等变更操作，即需要完成对客户不可视的项目内部工作的变更。⑤**妥善保存变更产生的相关文档**，确保其完整、及时、准确、清晰，适当时可以引入配置管理工具。

5．项目控制委员会（CCB）或配置控制委员会（CCB）

（1）或相关职能的类似组织是项目的所有者权益代表，负责裁定接受那些变更。

（2）CCB 由项目所涉及的**多方人员共同组成**，通常包括**用户和实施方的决策人员**。

（3）CCB **是决策机构，不是作业机构（可以不是常设机构）**；通常 CCB 的工作是通过评审手段来决定项目基准是否能变更，**但不提出变更方案**。

6．项目经理

（1）是受业主委托对项目经营过程负责者，其**正式权力由项目章程取得**，而资源调度的权力通常由基准中明确。基准中不包括的储备资源需经授权人批准后方可使用。

（2）项目经理在变更中的作用，是**响应变更提出者的需求，评估变更对项目的影响及应对方案，将需求由技术要求转化为资源需求**，供授权人决策；并据评审结果**实施即调整基准**。确保项目基准反映项目实施情况。

7．变更管理组织机构与工作程序

提出变更申请→变更影响**分析**→项目管理委员会 CCB **审查**批准→**实施**变更→**监控**变更实施→**结束**变更。（力杨记忆：提出分析－审查实施－监控结束）

8. 变更管理部分配置管理活动

配置项识别、配置状态记录、配置确认与审计。

9. 变更管理过程涉及到的角色

项目经理、变更控制委员会、变更申请人、变更执行人、配置管理员等。

第 17 章 信息系统安全管理

> 【章节说明】本章考试分值选择题 2 分左右，考试题型为选择题。

1. 信息安全属性

（1）**保密性**：信息不被泄露给未授权的个人、实体和过程或不被其使用的特性简单地说，就是确保所传输的数据只被其预定的接收者读取。**网络安全协议、身份认证服务、数据加密**。

（2）**完整性**：保护资产的正确和完整的特性。**CA 认证、数字签名、防火墙系统、传输安全**（通信安全）**、入侵检测系统**。

（3）**可用性**：需要时，授权实体可以访问和使用的特性。**磁盘和系统的容错、可接受的登录及进程性能、可靠的功能性的安全进程和机制、数据冗余及备份**。

（4）**其他属性**：真实性；可核查性；可靠性。

2. 信息系统安全属性

（1）**保密性**：是应用系统的信息不被泄露给非授权的用户、实体或过程，或供其利用的特性。**最小授权原则、防暴露、信息加密、物理保密**。

（2）**完整性**：是信息未经授权不能进行改变的特性。**协议、纠错编码方法、密码校验和方法、数字签名、公证**。

（3）**可用性**：是应用系统信息可被授权实体访问并按需求使用的特性，即信息服务在需要时，允许授权用户或实体使用的特性，或者是网络部分受损或需要降级使用时，仍能为授权用户提供有效服务的特性。

（4）**不可抵赖性**：不可抵赖性也称作不可否认性，在应用系统的信息交互过程中，确信参与者的真实同一性。（力杨记忆：重点掌握保密性、完整性）

3. 岗位安全考核与培训

（1）对**安全管理员**、**系统管理员**、**数据库管理员**、**网络管理员**、**重要业务开发人员**、**系统维护人员**和**重要业务应用操作人员**等信息系统关键岗位人员进行**统一管理**；允许一人多岗，但**业务应用操作人员**不能由其他关键岗位人员兼任；关键岗位人员应**定期接收安全培训**，加强安全意识和风险防范意识。

（2）兼职和轮岗要求：**业务开发人员和系统维护人员不能兼任或担负安全管理员**、**系统管理员**、**数据库管理员**、**网络管理员和重要业务应用操作人员等岗位或工作**，必要时关键岗位人员应采取定期轮岗制度。（3）权限分散要求：在上述基础上，应坚持关键岗位"**权限分散、不得交叉覆盖**"的原则，**系统管理员**、**数据库管理员**、**网络管理员不能相互兼任岗位或工作**。

（4）多人共管要求：在上述基础上，关键岗位人员处理重要事务或操作时，**应保持二人同时在场，关键事务应多人共管**。

（5）全面控制要求：在上述基础上，应采取对内部人员全面控制的安全保证措施，对所有岗位工作人员**实施全面安全管理**。（力杨记忆：必考高频考点）

4. 系统运行安全与保密的层次构成

（1）**系统级安全**：企业应用系统越来越复杂，因此制定得力的系统级安全策略才是从根本上解决问题的基础。

（2）**资源访问安全**：对**程序资源的访问**进行安全控制。

（3）**功能性安全**：对**程序流程产生影响**。

（4）**数据域安全（粒度最小）**：**行级**数据域安全、**字段级**数据域安全。

5. 信息系统的安全保护等级

（1）由**两个定级要素**决定：等级保护对象受到**破坏时所侵害的客体**和**对客体造成侵害的程度**。

（2）**共5个等级**：①**第一级**：国家不损害、社会公共利益不损害、公民及个人受损害；②**第二级**：国家不损害、社会公共利益受损害、公民及个人受严重损害；③**第三级**：国家受损害、社会公共利益受严重损害；④**第四级**：国家受严重损害、社会公共利益受特别严重损害；⑤**第五级**：国

家受特别严重损害。(力杨记忆：重点看国家客体是否受到损害，若有直接判定第三级)

6. 计算机信息系统安全等级保护

GB 17859-1999 **标准**是核心，是施行计算机信息系统安全等级保护制度建设的重要基础。**从小到大依次为：**

（1）**用户自主保护级**：**普通互联网用户**。

（2）**系统审计保护级**：内联网以及国际网商务活动，需要保密的非重要单位。

（3）**安全标记保护级**：用于地方各级国家机关、金融单位机构、邮电通信、能源与水源供给部门、交通运输、大型工商与信息技术企业、重点工程建设单位。

（4）**结构化保护级**：用于**中央级国家机关**、**广播电视部门**、重要物资储备单位、社会应急服务部门、尖端科技企业集团、国家重点科研单位机构和国防建设等部门。

（5）**访问验证保护级**：用于**国防关键部门**和依法需要对计算机信息系统实施特殊隔离的单位。

（力杨记忆：注意顺序记忆，从小到大依次为"用→系→安→结→防"）

第18章 项目风险管理

【章节说明】本章考试分值选择题 3 分左右，考试题型为选择题、案例题。

1．项目风险管理 6 大过程域

（1）**规划**风险管理。
（2）**识别**风险。
（3）实施**定性**风险分析。
（4）实施**定量**风险分析。
（5）规划风险**应对**。
（6）**控制**风险。（力杨记忆：规划识别、定性定量、应对控制）

2．规划风险管理

（1）**输入**：干系人登记册、项目章程、项目管理计划、组织过程资产、事业环境因素。
（2）**输出**：风险管理计划。
（3）**工具技术**：分析技术、专家判断、会议等。

3．规划风险管理内容及作用

（1）指决定如何进行项目风险管理活动的过程。
（2）风险管理规划过**程应在项目规划过程的早期完成**。
（4）风险类别：为确保系统、持续、详细和一致地进行风险识别的综合过程，并为保证风险识别的效力和质量的风险管理工作提供了一个框架。

4．风险管理计划

方法论、角色和职责、预算、时间安排、**风险类别**、**风险概率和影响的概率**、**概率和影响矩阵**、修改的项目干系人承受度、报告格式、跟踪等。

5. 识别风险

（1）**输入**：风险管理计划、成本管理计划、进度管理计划、质量管理计划、人力资源管理计划、范围基准、干系人登记册、活动成本估算和活动持续时间估算、项目文件、采购文件、组织过程资产、事业环境因素。（2）**输出：风险登记册（已识别风险清单、潜在应对措施清单）**。

（3）**工具技术**：文档审查、信息收集技术、**核对表分析**、假设分析、图解分析（因果图、系统或过程流程图、影响图）、**SWOT 分析**、专家判断等。

6. 识别风险内容及作用

（1）指确定哪些风险会影响项目，并将其特性记载成文。

（2）**应鼓励所有项目人员参与风险的识别**。

（3）识别风险是**一项反复过程**。随着项目生命期的绩效，**新风险可能会出现**。

7. 定性风险分析

（1）**输入：范围基准**、风险登记册、风险管理计划、组织过程资产、事业环境因素。

（2）**输出：项目文件更新（风险登记册更新、假设条件日志）**。

（3）**工具技术：风险概率与影响评估、概率和影响矩阵、风险数据质量评估、风险分类、风险紧迫性评估、专家判断等**。

8. 定性风险分析内容及作用

（1）指通过考虑风险发生的概率，风险发生后对项目目标的影响和其他因素，**对已识别风险的优先级进行评估**。

（2）定性风险分析包括为了采取进一步行动，**对已识别风险进行优先排序的方法**。

（3）定性风险分析通常是为风险应对规划过程确立优先级的一种经济、有效和快捷的方法；并为定量风险分析（如果需要该过程）奠定基础。在项目生命期内应该对定性风险分析进行重新审查，以确保其反映项目风险的实时变化。

（4）风险登记册更新：**每个风险的概率和影响评估、风险评级和分值**、风险紧迫性或风险分类、低概率风险的观察清单、需要进一步分析的风险。

9. 定量风险分析

（1）**输入**：项目成本管理计划、项目进度管理计划、风险登记册、风险管理计划、组织过程资产、事业环境因素。

（2）**输出**：项目文件更新（风险登记册更新）。

（3）**工具技术**：数据收集和展示技术、定量风险分析和模型技术（敏感性分析、预期货币价值分析）、专家判断等。

10. 定量风险分析内容及作用

（1）是指对定性风险分析过程中作为对项目需求存在潜在重大影响而排序在先的风险进行分析。

（2）定量风险分析一般在定性风险分析之后进行，在没有足够的数据建立模型的时候，定量风险分析可能无法实施。但是，经验丰富的风险经理有时在风险分析过程之后直接进行定量分析。项目经理应该运用专家判断来确定定量风险分析的必要性和有效性。

（3）风险登记册更新：项目的概率分析、实现成本和时间目标的概率、量化风险优先级清单、定量风险分析结果的趋势。

11. 规划风险应对

（1）**输入**：风险管理计划、风险登记册。

（2）**输出**：项目文件更新、项目管理计划更新。

（3）**工具技术**：消极风险或威胁的应对策略、积极风险或机会的应对策略、应急应对策略、专家判断等

12. 规划风险应对内容及作用

（1）指为项目目标增加实现机会，减少失败威胁而制订方案，决定应采取对策的过程。

（2）规划风险应对过程在定性风险分析和定量风险分析之后进行，包括确认与指派相关个人或多人（简称"风险应对负责人"），对已得到认可并有资金支持的风险应对措施担负起职责。

（3）规划风险应对过程根据风险的优先级水平处理风险，在需要时，

将预算、进度计划和项目管理计划中加入资源和活动。

（4）**风险应对措施应由所有相关方商定并由一名负责人负责。**

13. 控制风险

（1）**输入**：风险登记册、工作绩效报告、项目管理计划、工作绩效数据。

（2）**输出**：变更请求、工作绩效信息、项目文件更新、项目管理计划更新、组织过程资产更新。

（3）**工具技术**：风险再评估、**风险审计**、**偏差和趋势分析**、技术绩效测量、储备分析、会议等。

14. 控制风险内容及作用

（1）风险监测与控制指识别、分析和规划新生风险，追踪已识别风险和"观察清单"中的风险，重新分析现有风险，监测应急计划的触发条件，监测残余风险，审查风险应对策略的实施并评估其效力的过程。

（2）控制风险过程所使用的技术包括**偏差和趋势分析**，要求使用项目实施过程中生成的绩效数据。控制风险以及其他风险管理过程是项目生命期内**不间断实施的过程**。

15. 核对表分析

风险识别所用的核对表可根据**历史资料**，以往类似项目所积累的知识，以及其他信息来源着手制订。风险分解结构的**最底层**可用作风险核对表。

16. 图解技术

（1）**因果图**：又被称作石川图或鱼骨图，用于识别风险的成因。

（2）**系统或过程流程图**：显示系统各要素之间如何相互联系，以及因果传导机制。

（3）**影响图**：显示因果影响，按时间顺序排列的事件，以及变量与结果之间的其他关系的图解表示法。

17. SWOT 技术

从项目的每个**优势** (Strength)、**劣势** (Weakness)、**机会** (Opportunity)、

威胁（Threat）出发，对项目进行考察，把产生于内部的风险都包括在内，从而更全面地考虑风险。

18．消极风险或危险的应对策略

（1）**规避**：改变项目计划，以排除风险或条件，或者保护项目目标，使其不受影响，或对受到威胁的一些目标放松要求。

（2）**转移**：设法将风险的后果连同应对的责任**转移到第三方身上**。

（3）**减轻**：指设法把不利的风险事件的概率或后果降低到一个可接受的临界值。关键词"冗余"。

（4）**接受**：是指项目团队决定接受风险的存在，而不采取任何措施（除非风险真的发生）的风险应对策略。**通常规避和减轻适用于高影响的严重风险；转移和接受适用于低影响的不太严重威胁。**

19．积极风险或机会的应对策略

开拓、分享、提高、接受。

20．风险审计

是检查并记录风险应对措施在处理已识别风险及其根源方面的有效性，以及风险管理过程的**有效性**。**既可以在日常的项目审查会中进行风险审计，也可单独召开风险审计会议。**在实施审计前，要明确定义审计的格式和目标。

21．项目风险

（1）是一种不确定的事件或条件，**一旦**发生，会对项目目标产生某种正面或负面的影响。

（2）项目风险既包括对项目目标的威胁，也包括促进项目目标的机会。风险源于所有项目之中的**不确定因素**。

（3）**项目不同阶段会有不同的风险**。风险大多数随着项目的进展而变化，不确定性会随之逐渐减少。**最大的不确定性存在于项目的早期**。

22．项目风险的特征

（1）**客观性**：风险是一种不以人的意志为转移，独立于人的意识之外的客观存在。

（2）**偶然性**：由于信息的不对称，未来风险事件发生与否难以预测。

（3）**相对性**：风险性质会因时空各种因素变化而有所变化。

（4）**社会性**：风险的后果与人类社会的相关性决定了风险的社会性，具有很大的社会影响力。

（5）**不稳定性**：发生时间的不确定性。

23．按风险性质划分

（1）**纯粹风险**：**不能带来机会、无获得利益**可能的风险，叫纯粹风险。纯粹风险只有两种可能的后果：**造成损失和不造成损失**。纯粹风险造成的损失是绝对的损失，全社会也跟着受损失。

（2）**投资风险**：既可能带来机会、获得利益，又隐含威胁、造成损失的风险，叫投机风险。投机风险有三种可能的后果：**造成损失、不造成损失和获得利益**。投机风险如果使活动主体蒙受了损失，但全社会不一定也跟着受损失。

24．按风险产生原因划分

自然风险、**社会**风险、**政治**风险（**国家**风险）、**经济**风险、**技术**风险。

25．风险识别的原则

（1）由粗及细，由细及粗。

（2）先怀疑，后排除。

（3）排除与确认并重。

（4）严格界定风险内涵并考虑风险因素之间的相关性。

（5）必要时可做实验验证。

第 19 章 项目收尾管理

> 【章节说明】本章考试分值选择题 1 分左右，考试题型为选择题。

1. 项目验收

（1）项目验收是项目收尾管理中的首要环节，只有完成项目验收工作后，才能进入后续的项目总结、系统维护以及项目后评价等工作阶段。

（2）项目的正式验收包括**验收项目产品、文档及已经完成的交付成果**。

（3）项目验收工作需要完成**正式的验收报告**，验收报告包含了验收的主要内容以及相应的验收结论，参与验收的各方应该对验收结论进行**签字确认**，对验收结果承担相应的责任。

（4）对于系统集成项目，一般需要执行**正式的验收测试工作**。验收测试工作**可以由业主和承建单位共同进行，也可以由第三方公司进行**，但无论哪种方式都需要以项目前期所签署的合同以及相关的支持附件作为依据进行验收测试，而不得随意变更验收测试的依据。对于那些发生了重大变更的系统集成项目，则应以变更后的合同及其附件作为验收测试的主要依据。

2. 系统集成项目主要验收内容

验收**测试**、系统**试运行**、系统**文档验收**（系统集成项目介绍、系统集成项目最终报告、信息系统说明手册、信息系统维护手册、软硬件产品说明书、质量保证书等）、项目**终验**。

3. 项目总结

（1）属于项目收尾的**管理收尾**。而**管理收尾有时又被称为行政收尾**，就是检查项目团队成员及相关干系人是否按规定履行了所有职责。

（2）实施行政结尾过程还包括**收集项目记录、分析项目成败、收集应吸取的教训**，以及**将项目信息存档供本组织将来使用**等活动。

（3）项目总结会需要**全体参与项目的成员都参加**，并由**全体讨论形成文件**。

（4）项目总结会议所形成的文件一定要**通过所有人的确认**，任何有违此项原则的文件都不能作为项目总结会议的结果。项目总结会议还应对项目进行**自我评价**，有利于后面的项目评估和审计的工作开展。

（5）一般的项目总结会讨论内容：**项目绩效**、**技术绩效**、**成本绩效**、**进度计划绩效**、**项目的沟通**、**识别问题和解决问题**、**意见和建议**。

4．项目后评价内容

信息系统的**目标评价**、信息系统**过程评价**、信息系统**效益评价**（技术、经济效益、管理效益、社会效益、环境影响评价）、信息系统**可持续性评价**。

第 20 章 知识管理

【章节说明】本章考试分值选择题 1 分左右，考试题型为选择题。

1. 知识产权

指对智力劳动成果所享有的**占有**、**使用**、**处分**和**收益**的权益。

（1）广义的知识产权包括**著作权**、**邻接权**、**专利权**、**商标权**及**商业秘密权**、**防止不正当竞争权**、**植物新品种权**、**集成电路布图设计权**和**地理标志权**等。

（2）狭义的知识产权就是传统意义上的知识产权，包括**著作权**（含**邻接权**）、**专利权**、**商标权**三个主要组成部分。

2. 知识产权的特性

无体性、**专有性**、**地域性**、**时间性**。

3. 著作权

也称**版权**，是指基于文学、艺术和科学作品依法产生的权利。文学、艺术和科学作品是著作权产生的前提和基础，是由著作权法律关系得以发生的法律事实构成。**没有作品就没有著作权，脱离具体作品的著作权是不存在的**。

4. 邻接权

是与著作权相关的、类似的权利，通常指作品传播者在作品的传播过程中依法享有的权利，如：艺术表演者、录音录像制品制作者、广播电视节目制作者依法享有的权利等，著作权和邻接权的共同点是它们同属知识产权范畴，保护期为 50 年，即截止到作品首次发表后第 50 年的 12 月 31 日。

5. 著作权三要素

著作权**主体**、著作权**客体**、著作权**内容**。

6. 知识产权

（1）是智力成果的创造人依法所享有的权利和在生产经营活动中标记所有人依法所享有的权利的总称，包括**著作权**、**专利权**、**商标权**、**商业秘密权**、**植物新品种权**、**集成电路布图设计权**和**地理标志权**等。

（2）著作权法及实施条例的**客体**是指**受保护的作品**。

（3）著作权法及实施条例的**主体**是指**著作权关系人**，通常包括**著作权人**和**受让者**两种。

7. 职务作品

（1）为完成单位工作任务所创作的作品。

（2）如果该职务作品是利用单位的物质技术条件进行创作，并由单位承担责任的，或者有合同约定，其著作权属于单位的，作者将仅享有署名权，其他著作权归单位享有。

（3）其他职务作品，著作权仍由作者享有，单位有权在业务范围内优先使用。在两年内，未经单位同意，作者不能许可其他个人或单位使用该作品。

8. 著作权法

（1）**发表权、署名权、修改权、保护作品完整权、使用权**。

（2）**著作权属于公民**：署名权、修改权、保护作品完整权的保护期没有任何限制，永远受法律保护；发表权、使用权和获得报酬权的保护期为作者终生及其死亡后的 50 年（第 50 年的 12 月 31 日）。作者死亡后，著作权依照继承法进行转移。

（3）**著作权属于单位**：发表权、使用权和获得报酬权的保护期为 50 年（首次发表后的第 50 年的 12 月 31 日），若 50 年内未发表的，不予保护。但单位变更、终止后，著作权由承受其权利义务的单位享有。

（4）当第三方需要使用时，需得到著作权人的使用许可，双方应签订相应的合同。合同中应包括许可使用作品的方式，是否专有使用，许可的范围与时间期限，报酬标准与方法，以及违约责任等。若合同未明确许可的权力，需再次经著作权人许可。**合同的有效期限不超过 10 年**，期满时可以续签。

9. 著作权法保护的作品类型应符合以下三个要素，才能得到著作权法的保护

（1）须有文学、艺术或者科学的内容。

（2）须有独创性。

（3）须能以物质的形式固定下来。

10. 计算机软件保护条例

（1）**保护条例的客体是计算机软件**，计算机软件是指**计算机程序及其相关文档**。

（2）根据保护条例的规定，**受保护的软件必须是由开发者独立开发的**，并且已经固定在某种有形物体上，例如：光盘、硬盘、U 盘等。要注意的是，对软件著作权的保护只是**针对程序和文档**，并**不包括开发软件所用的思想、处理过程、操作方法或数学概念等**。

11. 软件著作权

发表权、署名权、修改权、复制权、发行权、出租权、信息网络传播权、翻译权、许可权、报酬权、转让权。

12. 商标法三个条件

（1）商标是用在商品或服务上的标记，与商品或服务不能分离，并依附于商品或服务。

（2）商标是区别于他人商品或服务的标志，应具有特别显著性的区别功能，从而便于消费者识别。

（3）商标的构成是一种艺术创造，可以是由**文字、图形、字母、数字、三维标志**和**颜色**组合，以及上述要素的组合构成的**可视性标志**。

13. 商标法四个特征

显著性、独占性、价值、竞争性。

14. 商标注册申请

（1）两个或者两个以上的申请人，在同一种商品或者类似商品上，分别以相同或者近似的商标在同一天申请注册的，各申请人应当自收到商标局通知之日起 30 日内提交其申请注册前在先使用该商标的证据。

（2）同日使用或者均未使用的，各申请人可以自收到商标局通知之日起 30 日内自行协商，并将书面协议报送商标局；不愿协商或者协商不成的，商标局通知各申请人以抽签的方式确定一个申请人，驳回其他人的注册申请。商标局已经通知但申请人未参加抽签的，视为放弃申请，商标局应当书面通知未参加抽签的申请人。

（3）**注册商标的有效期限为 10 年**，自核准注册之日起计算，注册商标有效期满，需要继续使用的，应当在期满**前 6 个月内**申请续展注册；在此期间未能提出申请的，可以给予 **6 个月的宽展期**。宽展期满仍未提出申请的，注销其注册商标。**每次续展注册的有效期为 10 年。**

15. 商标权

使用权、禁止权、许可权、转让权、续展权。（力杨记忆：使用权是核心权力）

16. 专利法

（1）**发明**：是指对产品、方法或者其改进所提出的新的技术方案。

（2）**实用新型**：是指对产品的形状、构造及其组合，提出的实用的新的技术方案，具有**新颖性**、**创造性**、**实用性**。

（3）**外观设计**：对产品的形状、图案及其组合，以及色彩与形状、图案的结合所做出的富有美感并适用于工业应用的新设计。

17. 专利权申请

（1）一份专利申请文件**只能就一项发明创造提出专利申请。一项发明只授予一项专利**，同样的发明申请专利，则按照申请时间的先后决定授予给谁。两个以上的申请人在同一日分别就同样的发明创造申请专利的，应当在收到国务院专利行政部门的通知后自行协商确定申请人。

（2）我国现行专利法规定的**发明专利权保护期限为 20 年**，实用新型和外观设计专利权的**期限为** 10 **年**，均从申请日开始计算。在保护期内，专利权人应该按时缴纳年费。在专利权保护期限内，如果专利权人没有按规定缴纳年费，或者以书面声明放弃其专利权，专利权可以在期满前终止。

18．保护和滥用

（1）著作权法以**保护著作权人的权利**为宗旨。

（2）专利权法以**保护发明创造专利权**为宗旨。

（3）商标权法保护客体为工商业活动创造的商品商标和服务商标，保护注册商标**所有人对标记的独占性权利**。

第21章 法律法规和标准规范

【章节说明】本章考试分值选择题1分左右,考试题型为选择题。

1. 国际标准、国家标准、行业标准、区域/地方标准和企业标准

(1)对需要在**全国范围内统一**要求的技术要求,应当制定**国家标准**。

(2)对没有国家标准而又需要在**全国某一行业范围内统一**的技术要求,可以制定**行业标准**,在公布国家标准之后,该项**行业标准即行废止**。

(3)对没有国家标准和行业标准而又需要在**省、自治区、直辖市**范围内统一的工业产品的安全、卫生要求,可以制定**地方标准**,在公布国家标准或行业标准之后,该项**地方标准即行废止**。

(4)企业生产的产品没有国家标准和行业标准的,应当制定**企业标准**,作为组织生产的依据,已有国家标准或行业标准的,**国家鼓励企业制定严于国家标准或行业标准的企业标准在企业内部使用**。

(5)国家鼓励积极采用**国际标准**,按照国际惯例,当一国产品在另一国销售时,**应当优先适用销售地的国家标准**。

(6)我国在国家标准管理办法中规定国家标准实施5年内要进行复审,国家标准一般有效期为5年。

2. 强制性标准与推荐性标准

(1)标示① GB:**强制性国家标准**;② GB/T:**推荐性国家标准**;③ GB/Z:**指南类标准**。

(2)强制性标准形式:全文强制、条文强制。

3. 标准名称 4 要素：引导要素、主体要素、补充要素和 4 位数的年代。

4. GB/T 16260.1-2006 软件工程产品质量包括

（1）GB/T 16260.1-2006 软件工程产品质量第一部分：**质量模型**。
（2）GB/T 16260.2-2006 软件工程产品质量第二部分：**外部度量**。
（3）GB/T 16260.3-2006 软件工程产品质量第三部分：**内部度量**。
（4）GB/T 16260.4-2006 软件工程产品质景第四部分：**使用质量的度量**。

5. 国家标准 9 个阶段

国家标准的制订有一套正常程序，每一个过程都要按部就班地完成，这个过程分为：**前期准备→立项→起草→征求意见→审查→批准→出版→复审→废止**。

（1）信息系统集成项目管理常用的技术标准：**基础**标准、**开发**标准、**文档**标准、**管理**标准。